工作让你幸福吗？

调整自我、幸福工作的秘诀

李厚豪◎著

北京大学出版社
PEKING UNIVERSITY PRESS

图书在版编目(CIP)数据

工作让你幸福吗？/李厚豪著. —北京:北京大学出版社,2009.1

ISBN 978-7-301-14373-5

Ⅰ. 工…　Ⅱ. 李…　Ⅲ. 职业—应用心理学—通俗读物
Ⅳ. C913.2-49

中国版本图书馆 CIP 数据核字（2008）第 164165 号

书　　名：工作让你幸福吗?

著作责任者：李厚豪　著
责 任 编 辑：张　可
标 准 书 号：ISBN 978-7-301-14373-5/F·2039
出 版 发 行：北京大学出版社
地　　址：北京市海淀区中关村成府路 205 号　100871
网　　址：http://www.pup.cn
电　　话：邮购部 62752015　　发行部 62750672
　　　　　编辑部 82893506　　出版部 62754962
电 子 邮 箱：tbcbooks@vip.163.com
印　刷　者：北京富生印刷厂
经　销　者：新华书店
　　　　　880 毫米×1230 毫米　32 开本　5.5 印张　70 千字
　　　　　2009 年 7 月第 1 版第 2 次印刷
定　　价：19.80 元

目录

序

我为什么要写这本书

缘起一

近几年，“迷茫”这个词的使用率非常高，人们见面常问：“最近忙什么呢?”对方的回话往往都是：“凑合混呗!”什么是“混”，什么是“凑合”呢？即使是为了敷衍而不假思索地回答，其深层原因还是个人的内心迷茫与随波逐流，一个连自己想要什么都不知道，工作与生活都在凑合的人，他的人生是很难如意的！

缘起二

工作中，我们习惯了机械化的如电脑程序般的固定模式，没有创新，没有改变，只是一天又一天地重复着我们的习惯。用我们已经僵化了的工作方式与方法，去面对工作中的所有问题。实际上，这样做，我们忽略了工作实际的效果与结果，所以对待工作尽管勤勤恳恳，但工作成就平平的大有人在。

生活中，我们也用固化的思维习惯与行为习惯去面对生活中的事情，有人活了八十岁，但事实上他只活了二十岁，因为二十岁以后他就用这种固化的思维习惯与行为习惯去生活了，没有活出新意，自然每天都是一样的，这样无论过多少天也只等于一天。

缘起三

如何才能快速地融入社会？如何才能事业有成？如何才能生活幸福？如何才能显示自我？如何才能左右自己的人生呢？

唯一的出路就是：抛弃过去旧有的工作习惯、生活习惯、思维习惯，构建全新思维，采取全新的行动，养成全新的习惯！

1. 本书对于企业的价值：

每次进行员工职业化培训的时候，我都会问学员一个问题："实话实说，你们现在的工作累不累？"绝大多数的学员会异口同声地回答："累！"

我又会接着问："真的是你们的工作强度与工作难度让你们感觉累吗?"这时底下便鸦雀无声了。其实，我们工作的过程应该是一个快乐的过程，是一个可以充分享受的过程，之所以感觉工作累，是我们的心态出了问题，内心充满了太多的不平衡、抱怨、不服气甚至仇恨！一个无法接受自己的工作，并且无法从自己的工作中找到乐趣的人，是难以做好这份工作的。

一个心态好的员工，即使企业不管理他，也不辅导他，他依然会自动自发地把工作做好，并且无论遇到什么困难与问题，他都会主动地寻找解决的办法。好心态的员工能够包容企业的不足，而心态不好的员工不仅做不到包容与适应企业，甚至还会把自己的一些不满与抱怨传递给更多的员工，扰乱军心、影响斗志、挑起争端。

如何让员工接受企业的现状、适应企业的现状，并建立良好的心态，对于企业的经营管理尤为重要。员工就像是企业的血液，可以外部聘请，这叫做输血，也可以内部培养，这叫做造血。不难看出，企业自身的造血功能远远比输血来得重要。本书分别从认识自我的思想、驾驭改变自己的思想以及树立正确的工作态度等方面做了充分的论述与解析，以帮助企业在内部培养出更多更优秀的人才。

2. **本书对于个人的价值：**

现在人们的生活水平提高了，但幸福感却下降了；人们的收入提高了，但感觉自己拥有的却变少了。如今生活在贫穷农村的农民幸福感反倒要比富裕的城里上班族更高。

这一切说明我们的内心出现了问题，我们需要重塑自我，幸福工作，用良好的心态去造就幸福的人生，去实现生命的价值！

本书从心理学的角度，使用了大量作者亲自辅导企业员工的真实案例，整合了作者多年的企业培训及管理经验，是一本系统性、实操性和趣味性极强的图书。通过心态调整、情绪管理、职业生涯规划、职业素质提升等章节的详细阐述，结合对人在现实生活中种种困惑的解答，提供给人们一个完整的答案，以协助更多的人找到工作及生活的快乐，实现更有价值的人生！

第一章　怎样工作才幸福

一个人要去见他的老朋友，当他收拾停当准备出发时，发现帽子不见了，于是他翻箱倒柜地找帽子，找了很长时间还是没有找到，他非常失落，放弃了去见老朋友的想法，郁闷地躺在了床上，就在躺下的那一瞬间，他笑了，因为他发现帽子就在他的头上戴着呢！

这个故事告诉我们，人遇到问题时总会习惯地向外部找原因，而不是向内、在自己身上找原因。

幸福工作，须从认识自我开始。人们通常比较注重外部事物，却极易忽视自我，每日与自己相伴，却不一定真正地了解自我，所以很多时候，我们认识了很多人，经历了很多事，到头来，却发现自己最不了解的人竟是自己。这会带来很多迷惘和痛苦，正如俗语所言：人最大的敌人其实就是自己。只有更深入地认识自我，才能更有力地掌控自我，也才能成为真正意义上的自己的主人。

一、改良你的思维

很多人经常抱怨，抱怨自己的收入不高，抱怨领导不重视自己，抱怨自己的生活不幸福。并且，把所有的这些归咎于没有机遇，或是受了别人的排挤与暗算。更有甚者，将这些归咎于父母的无能或自己的运气不佳。其实，我们之所以会遇到这些问题，主要原因都在于我们自己，要解决这些问题和困惑，首先就要认识自我。可以说，认识自我是幸福的前奏。

下面我们就从思维、语言、习惯等方面来认识自我。

改变，从思维开始

如今是一个用结果说话的时代，日常工作中最重要的就是结果。当然，这个结果也包含了相应的过程。那么，过程又是由什么构成的呢？毫无疑问是行为！一个又一个的行为，导致了最终的结果。那么行为是受什么支配的呢？是思维！所以，我们得出结论：思维决定行为，行为决定结果！有怎样的思维就有怎样的结果。

我们目前的生活，就是由过去的思维所导致的结果，或者说，过去我们埋下了什么样的种子，今天我们就会收获什么样的果实。要想拥有更好的工作与生活状态，我们就要改良我们的思维。一个人如果不能改变思维，他的一切都不会改变。

我曾经举办过一期戒烟训练班，效果显著。因为我知道，思维决定行为，行为决定结果，所以我把对吸烟者的改变聚焦在改变其思维上。

一般来说，吸烟者认为吸烟是一种享受，是一种乐趣。只要转变他们的思维，使他们在头脑中把吸烟与疾病甚至死亡联系起来，那么戒烟的结果就不言而喻了。

我把这个转变过程分为以下四个步骤：第一步，请一位资深的呼吸道专家从理论上讲解一下吸烟的危害。第二步，给参加培训班的烟民看有关吸烟危害的恐怖图片和录像，需要强化对比的部分是，一个长期吸烟者的肺与同龄不吸烟者肺的极大差异。第三步，是现场实验，通过实验证明一支香烟对人体健康的破坏力。最后是座谈，找一些因为吸烟而患病的老烟民来谈谈患病后对吸烟的看法。经过这四个步骤之后，每个参加戒烟训练班的人都被这些内容震撼，几天之内头脑中都会时不时出现那些恐怖的数据、图片和录像，特别是当他们自已想吸烟时，更会加剧这种恐怖。这样就使戒烟者在头脑中把吸烟与疾病、死亡画上了等号。

人的一生，其实只是在做两件事，一是追求快乐，二是逃离痛苦。以上的这个案例，就是利用了人们逃离痛苦的原理来达到戒烟的目的。其实，不论是改变一个人，还是改变一个团队，都应该从改变思维入手。许多企业都把企业文化形式化，搞成了简单的几句口号，其实，所谓企业文化应该是员工思维与行为的准则，应该深深地植入员工的头脑当中。

先与自己沟通好

要想与他人沟通得更好，先要与自己沟通好。学会如何自我沟通，远比学会与他人沟通更重要，因为自我沟通决定了我们的心情，决定了我们的思维方式，决定了我们的性格。

沟通是靠语言进行的，语言有三种：一是有声的语言；二是无声的语言；三是肢体语言。有声语言比较容易理解，我们透过声音来进行信息传递的语言就是有声语言。那么什么是无声的语言呢？许多人每天早上醒来时都会问自己一个问题：几点了？问这个问题的时候是不出声的，而恰恰就是这个问题，引导了我们一系列的思维与行为，甚至影响到了我们情绪的好坏与性格的养成。

从某种意义上讲，人的思考过程就是一个

不断问自己问题，又不断回答这些问题的过程，这种提问属于无声语言。第三种就是肢体语言，如微笑、眼神、握手等，这一类肢体语言也会影响我们的心情。其中无声语言在人们的自我沟通中起到的作用最大，对人的影响也最大。

无声的语言是如何影响我们的呢？我们先来看一个案例：

人的大脑有记忆、删除、扭曲、联想这四大功能，大脑的这四大功能有些时候会使我们问自己负面的问题，并且产生消极的结果。

我们举一个工作中的案例：小王有一天迟到了，恰好被人力资源部抽查考勤的刘主任抓了个现形。于是，刘主任按照公司的规定，对小王进行了罚款100元的处罚，并通报批评。小王不服气，心里想：有什么了不起，不就是个主任吗！昨天小张迟到的时间比我久，都没有受罚，我从来都没有迟到过，就今天偶尔迟到了一次，凭什么就罚我？于是，小王就因为这件事对刘主任怀恨在心，在以后的工作中，处处和刘主任做对。最后，小王虽然工作出色，但因为配合度不高，还是被公司拒绝续签新一年的劳动合同。

小王在使用无声语言时的思维过程是这样的：

记忆的部分：记住了小张昨天也迟到了的事。

删除的部分：删除了自己今天迟到的事。

扭曲的部分：刘主任讲话时表情严肃，小王扭曲成了趾高气扬。

联想的部分：刘主任对我有成见，故意难为我，让我难堪。

于是就有了小王对自己的负面提问。事实上，刘主任也是尽职尽责，公司规定不定期对考勤进行抽查，抽查就是具有不确定性及不公平性，根本不存在什么故意之谈。其实，工作与生活中80%的矛盾，都是源于这种误会。

在长期的销售培训与销售辅导中，我发现，优秀的销售人员都有一种正面自问的习惯，持续地问自己积极正面的问题，而不是消极负面的问题。正面自问的人，从不缺乏勇气与信心，遇到问题时总是积极地寻求解决的方法。尽管找方法的人不一定能完成这样的任务，但有一点是肯定的，那就是找方法的人永远都会远远地走在找借口人的前面，这就叫做差距！

公司有小张小王两位销售员，他们是很好的朋友，并且他俩的销售能力、产品知识和销售业绩都不相上下。有一天，销售部来了一位新经理，这位经理上任的第一件事就是把公司每个销售员的销售任务提高了20%。过了半年，小张受到了领导的重视，被提升为销售主管，而小王却被公司辞退了，这是为什么呢？其实，原因只是在他们得知任务增加的时候，问了自己不同的问题。

小王对自己说："我的客户资源就那么多，一直以来的销售业绩也比较平稳，一下就让我提高20%，这怎么可能完成呢?!”小王认为这个任务是不可能完成的，那么小王接下来要做的事就是极尽所能地找借口来证明自己的无辜。比如：现在是淡季，客户资源积累有限，新领导不懂行业现状……借口过后就是抱怨了，抱怨新领导的不好，公司的不好，制度的不好。

当一个人这样去思考问题的时候，他就会失去自信，没有自信的销售人员就会失去行动力，再好的销售员不去行动，他的销售业绩也不会提高。所以半年来小王只学会了找借口与抱怨，业绩不但没有提升，反而直线下降，自然难逃被公司辞退的命运。

而小张想到的是什么呢？他问自己：“怎样才能让我的销售业绩提高20%呢?”此时，他头脑中出现的是一个又一个提升业绩的工具与方法，当小张想到了这些方法以后，他会更有自信心与行动力，所以半年后的小张升职加薪，受到领导的重视。

我们回过头来看一下，这两位销售员半年后的境遇有着天壤之别，但是，最初他们的差别仅仅是问自己的问题不同而已。在内心深处问自己一个正面的问题，就一定会得到一个好结果；想反，如果问了自己一个负面的问题，那么上天也帮不了你。这也就是我们所说的心态决定一切，心态决定命运！

把幸福复制下来

一个人事业成功，生活幸福，绝对不是无缘无故的，而这种成功与幸福是可以学习和复制的。如果想学习开车，最好去驾校向教练学习，其实与其说是向教练学开车，不如说是把教练头脑中的“开车软件”复制到我们的大脑当中来，使我们也具备开车的能力。

如果有人的专业技术超群，那就说明这个人有出色的“专业技术软件”。比如，有人客户服务做得好，那就说明这个人拥有先进的“客户服务软件”。只要我们能够把别人的“先进软件”复制到我们的头脑中，就能使自己也具备与他同样的能力，并且在未来取得像他们一样的成就。

可是，如何复制别人的“先进软件”呢？

某公司有位销售员，业绩一直不理想，并且，总是感觉自己的工作进入不了状态，每天的工作都不知道该如何下手？迷茫中他问我有什么好的建议，我只告诉了他一句话：学习你们公司销售冠军的思维与行为。

于是，他用一周的时间观察他们公司的销售冠军，看他有什么样的思维与行为，之后结合他自己的具体情况写了以下《工作提升计划》：

思维方面：要坚持到底。85%以上的成功销售是在五次拜访客户以后，客户不买不是代表他不需要，只是代表他还暂时不了解我的产品。

行为方面：每天上午去拜访24位客户，下午打50通推销电话，晚上总结当天的工作，并计划明天的工作。

结果，这个学员在公司的业绩排名迅速攀升至第二名，成为团队内成长最快的销售新星。

要想成为什么样的人就要经常和什么样的人在一起。其实成功并不难，关键你要找对榜样，找出方法。这也应了中国那句古语：近朱者赤，近墨者黑。其实，总结起来就是一句话：快速成功的方法就是去复制成功者的思维与行为。

改变就要从现在开始，因为今天就是你生命中最年轻的一天，如果你错过了现在，那么，你将错过更多的青春！

二、 明确你的方向

一个拥有数亿资产的富翁，在风景秀丽的海滨城市遇到了一个流浪汉，这个流浪汉正斜靠在大石头上无忧无虑地看海。

富翁问流浪汉："为什么不去找份工作呢？"

流浪汉答道："我为什么要工作呀？"

富翁说："工作可以挣钱呀！"

流浪汉问："挣钱做什么？"

富翁说："挣钱以后你可以买大房子，可以娶个妻子，可以拥有许多美妙的东西。"

流浪汉又问："然后呢？"

富翁说："当你退休了，就可以衣食无忧地生活，就像我一样，每天散散步，晒晒太阳。"

流浪汉说："难道我现在不是在晒太阳吗？"

这个故事很有趣，迎合了很多贫穷且不思奋斗的人的心理，让他们在贫穷中心安理得地生活，并以此作为自己懦弱与懒惰的借口。现实生活中金钱确实买不来快乐与幸福，但没有钱就会有快乐与幸福吗？太多人被这样的故事愚弄着，认为幸福与快乐只是晒晒太阳，看看海，事实果真如此吗？幸福真的这么简单吗？我们可以想一想：这个流浪汉饥寒交迫的时候怎么办？这个流浪汉生病的时候该怎么办呢？这个流浪汉慢慢衰老，生活不能自理的时候又该怎么办呢？

中国有句古话：知足常乐。但是如果一个人没有追求，不敢去追求，或者在追求的过程中遇到困难时变成逃兵，以知足常乐来安慰自己，那他就把这句话扭曲了。

有梦想就去追，有理想就去实现，不要再把自己的精力放在迷茫与徘徊上面，因为这两样东西是对你最无益的。要幸福，就先要为自己找准方向，不顾一切地去追求，宁可死在追求的路上，也不要活在迷茫的屋中，这才是一个成功职场人的选择！

设定清晰合理的目标

没有目标的人是非常痛苦的，而且这些人中，能力越强者痛苦就越大，因为他们空有好身手却无用武之地。所以要想事业成功、生活幸福，就要随时都有清晰的目标，有明确的方向。

我们每天苦苦追求的目标，一定是我们想要的吗？一定是能够给我们带来幸福与快乐的吗？不要为一个虚假的目标浪费宝贵的青春，从现在起就给自己设定一个合理的人生目标，这才是在未来获得幸福的前提。

成功的员工设计工作目标的时候，往往最关注成长与能力的提升，失败的员工设计自己工作目标的时候，往往只关心钱。员工的收入很大程度上取决于这个员工的工作能力，而员工的工作能力绝不是在学校里学得的，更多的是在工作实践中摸索出来，所以一心为钱工作的人最后反而得不到钱，为自己能力提升而工作的人，最后会获得很高的薪酬。

生活中，过程往往比结果更重要，因为结果只是整个事件的一小部分，而过程却是漫长的，如果过程是痛苦的，那么一个短暂快乐的结果又有多大意义呢？

好工作的三大标准

人在不同的年龄段，追求也不一样。刚刚毕业时，我们的追求就是能够顺利就业，找到一个可心的工作。因为刚刚毕业，仅仅掌握了一些专业知识，缺少社会经验与企业所需要的实际工作能力，所以，我们第一次就业相当于进入了人生的第二所大学。几年之后，我们有了一定的工作能力与社会经验，我们工作的目的不再仅仅是为了养活自己，我们希望有更高层次的生活。经过多年的磨炼以后，我们的人生追求更加明确，个人爱好与特长会逐渐清晰，这时如果你正做着一份即使没有任何收入也心甘情愿的工作，那么恭喜你，你的这份工作已经升华为你的事业了!

好多人对工作的好坏没有明确的概念，其实好工作一定要符合以下三大标准：一是喜欢做；二是擅长做；三是觉得自己应该做。

• 喜欢做

汉德·泰莱是纽约曼哈顿区的一位神父，一天，教区医院里一位病人生命垂危，他被请过去主持临终前的忏悔。他到医院后听到了这样一段话:“仁慈的上帝！我喜欢唱歌，音乐是我的生命，我的愿望是唱遍美国。作为一名黑人，我实现了这个愿望，我没有什么要忏悔的。

现在我只想说，感谢您，您让我愉快地度过了一生，并让我用歌声养活了我的六个孩子。现在我的生命就要结束了，我死而无憾。仁慈的神父，现在我只想请您转告我的孩子，让他们做自己喜欢做的事吧，他们的父亲会为他们骄傲的！”

一个流浪歌手，临终时能说出这样的话，让神父感到非常吃惊，因为这名黑人歌手的所有家当就是一把吉他。他的工作是每到一处，把头上的帽子放在地上，开始唱歌。40 年来，他如痴如醉，用他苍凉浑厚的歌声感染他的听众，换取他应得的报酬。

当晚，泰莱神父想着白天的事情，陷入沉思。第二天，他给报社写了一封信，信中写道：“人应该怎样度过自己的一生才不会留下悔恨呢？我想也许做到两条就够了：第一，做自己喜欢做的事；第二，想办法从中赚到钱。”后来，泰莱神父的这两条生活信条，被许多美国人作为人生信条。

爱迪生曾经说过：我这一生从未工作过，

只是在玩而已！一个人如果能够在工作中找到属于自己的乐趣，那将是一件非常幸运的事。只有找到自己的喜好，将个人的喜好与自己的工作统一起来，你才能保持长久的工作热情与行动力。

如何将个人喜好与工作统一起来呢？大致有以下两种方法：一是找一份自己喜欢的工作；二是在自己现有工作中找到乐趣。找一份自己喜欢的工作是不容易的。即使是自己不喜欢的工作，在工作了一段时间之后，具备了一定的能力与经验，并且收入也不错，这时就会慢慢失去换一份自己喜欢的工作的勇气。如果这样的话可以尝试从自己目前的工作中找乐趣，或者用自己认为快乐的方式去工作。

总之一定要想办法既让自己工作得开心，又能够保证绩效有所提升。

● 擅长做

皮尔·卡丹年少时的理想是成为一名出色的舞蹈演员，可是，他家非常穷，根本没有多余的钱送他进舞蹈学校。并且，皮尔·卡丹的父母为了能够让他早点赚钱贴补家用，早早地把他送进了一家缝纫店当学徒。

在缝纫店，皮尔·卡丹每天要工作十几个小时，没有什么乐趣可言，当他感觉到自己离成为舞蹈家的梦想越来越远时，他痛苦万分。绝望中他突然想起给当时一位赫赫有名的音乐家写信，他觉得只有这位音乐家才能明白他此时的心情，希望音乐家能收他为徒。而且皮尔·卡丹在信中表明，如果收不到回信他就跳河自杀。

很快，皮尔·卡丹收到了回信，但那位音乐家在信中并没有提到收他为徒弟的事，只是讲述了自己的人生经历。音乐家小时候很想成为一名科学家，可是因为当时家境贫穷，父母无法送他上学，他只得跟一个街头艺人一起卖唱，但是他没有气馁，最终通过自己的努力成为著名的音乐家。最后他说：人生在世，现实与理想总是有一定的距离，人首先要选择生存。只有好好地活下来，才能让理想之星闪闪发光。一个连自己的生命都不珍惜的人，是不配谈艺术的。

这封回信让皮尔·卡丹大彻大悟。后来，他踏踏实实地学习缝纫技术，又找机会去进修服装设计，最终成立了自己的公司，并将公司打造成了全球知名的服装帝国。他在一次接受记者采访时说，其实他并不具备舞蹈演员的潜质，当舞蹈演员只不过是一个年少轻狂的梦而已。如果那时他不放弃当舞蹈演员的理想，就不可能有现在的皮尔·卡丹。

在个人职业规划中，自己擅长做什么是决定职业发展方向的重要因素，擅长做什么甚至比喜欢做什么更加重要。梦想常常很遥远，也很昂贵，如果能够找出自己擅长做的事，并且充分挖掘其中的快乐，然后一直坚持做下去，一定比追求遥不可及的梦想更容易，也更快乐。

• 应该做

一次我在北京某高校讲授大学生就业的公益课，有一位学生提问说："我是大学四年级的学生，我已经找了快两个月的工作，但还没有找到，确实很苦恼，想过就业难，但没有想到就业会这么难！”我问他找工作的标准是什么？他说：“第一要和我的专业对口；第二工作地点在北京市区；第三月薪不低于三千。”

我听了对他说：“我非常理解你所说的就业难这个现状，但是还有一个事实不知道你是否了解，那就是很多企业招不到合适的人才，甚至很多的人力资源部经理，因为招不到合适的员工而受到公司的处罚，你知道这到底是为什么吗？因为有大学文凭与真正的人才之间还有很大的差距，你还有很长的路要走。大学毕业并不代表你的工作能力强，你要再次用学习的心态去认识社会、感知社会、融入社会，并且在其中磨炼自己。你应该换位思考一下，如果你是老板，你是否愿意雇用一个没有任何工作经验的新人？其次，你是否愿意给这位没有任何工作经验的人较高的薪水？我们刚刚大学毕业时没有工作能力与工作经验，所以我们没有资格要求企业为我们提供更多，我想任何企业都有你可以学习的地方，甚至你可以考虑先去中关村搬搬箱子，运运货，这也是一份不错的工作。”

当我说到这里时很多学生都笑了，我也笑了，我不知道这其中有多少是赞同的笑，有多少是否定的笑。最后我还是用一句话结束了我的回答：“如果一个大学生搬箱子的水平和一个小学毕业生一个样，请问你有什么资格把自己是大学生当一回事？一个蹲不下的人是永远也跳不起来的。”

北方有句俗语：人要知道自己能吃几碗饭。特别是在职业生涯的开端，一定别忽略了自己的实际能力。做自己既喜欢又擅长，并且应该做的事，把目标定得高一些，这叫做要强。如果做不喜欢也不擅长做的工作，却又偏偏把目标定得很高，这就是勉强了。如果一个人总是勉强自己，结果必然十分悲惨！

三、 修炼你的心态

明确的人生目标并不能使人立刻获得成功的事业与幸福的生活，还需要另外的两样东西，那就是技能与心态。而在这两者当中，心态的重要性要远远超过技能。因为，我们发现很多成功人士的技能并不突出，只是因为他们拥有良好的心态，能够坚持下来，才取得了最后的成功。所以说心态从某种程度上讲，决定了我们的命运。那么，拥有怎样的心态才能获得成功呢？

关注光明的一面

注意正面的事是拥有良好心态的秘诀，也是获得成功与幸福的秘诀。人们常常说心想事成，这其实也是利用了人们的注意力。

通常，我们做一件有挑战性的事情时，往往会把注意力放到负面的事上。例如，你要给一位非常重要的陌生客户打电话，当拿起听筒，准备拨号时却停下了，头脑中开始“放电影”，都是和客户沟通失败的画面，这不仅影响了自信心，同时也会影响你的表达能力和沟通效果。

注意力决定自信心，自信心决定行动力，行动力决定结果。这就是注意力与结果间的关系。如果在自大与自卑间选择的话，其实自大比不自信要好很多，所谓自大就是把注意力过多地放到了自己的成功面上，强化了自己的自信心，这样往往能够让自己超常发挥。

在我们的日常工作中，不仅要不断地肯定自己，鼓励自己，更重要的是应该注意到别人的优点，向别人虚心学习，给别人打气加油，这对自己能力的提升和人际关系的拓展都十分有益。

人手上的拇指和食指功能是相反的，食指是用来指责别人的，拇指是用来赞美别人的。当我们竖起食指指责别人时，我们会发现，有三个手指在指着自己！当我们竖起拇指去赞美别人的时候，我们会发现有四个手指在指着自己！所以说指责别人就等于指责自己，赞美别人就等于赞美自己。

送人玫瑰，手有余香，抓起泥巴投向别人的时候，先脏的一定是自己的手。你要想得到别人的名片很容易，你只需要把自己的名片送给他；你想要结识一个人也很容易，你只要热情地把手伸到他面前就够了。总之，你想要别人怎样对待你，你就应该怎样对待别人。你想让别人注意你的优点，就先要从注意别人的优点开始。

注意别人的优点，对于工作和生活都大有益处。在中国，有心理问题的孩子远远多于西方国家，这与家长教育孩子的方式有很大的关系。中国家长教育孩子以批评孩子为主，希望孩子能发现自己的缺点，并及时改正。但是，往往事与愿违，这样做会使孩子缺少自信，甚至自我否定。而西方国家的家长教育孩子的原则是去发现孩子的优点，并真诚地赞美孩子。这会在孩子的心中洒满阳光。

1975 年母亲节时，正在哈佛大学读书的比尔·盖茨在寄给他妈妈的贺卡上，写下了这样一段话：

“我爱您！妈妈，您从来不说我比别的孩子差，您总是不断在我干的事情中寻找值得赞许的地方，我怀念和您在一起的所有时光。”

中国为什么还没有诺贝尔奖得主？为什么还没有世界首富？或许原因就在于此吧！

正确对待真实的自己

有句谚语是这样说的：人长了一双向外看的眼睛，却没有长看自己的眼睛。人们都喜欢观察别人的言行，却很少注意到自己的缺点，如果一个人不能注意并改正自己的缺点，就会离成功与幸福越来越远。

有一次我去给一家奔驰汽车的代理公司讲课，课后，一位销售员找我沟通，向我抱怨自己工作中的诸多困难：活动经费的削减、竞争对手的打压、消费者的挑剔……我让他把这些困难进行总结归类，最后发现这些问题大致可以分为两类：一类是公司的问题，一类是市场的问题。接着我让他在白板上画了一个奔驰汽车的标志，并将这两类原因写入奔驰车标志的两个空格，剩下一个空格。

于是我问他：“现在你们公司有多少个

销售员？其中有多少个销售员的销售业绩比你好？”

他的回答是：“十七个销售员，有十六个比我业绩好。”

我接着问：“那他们十六个人是不是也同样面临着你刚刚写下的这些问题？”他点点头。

我又问他：“有没有其他的因素制约了你的业绩提升？有没有你自己的问题呢？”

他若有所思地点点头，说：“我与客户沟通的次数比较少，现在拥有的客户资源比其他人少，而且我好像也不如他们勤奋……”

最后，我说：“那好，你就把刚才说的这些内容填到最后一个空格里。”他按照我说的做了。接着我对他说：“你看，总共有三个方面的问题，你与其他销售员相比，前两个问题是一样的，只有第三个问题不一样，也就是说问题出在你自己身上。现在你知道应该怎样提升自己的业绩了吗？”

他恍然大悟地点点头。

奔驰标志的绩效影响因素分析

下意识地为自己辩解，忽略自己的缺点与不足是人类的本能，所以，我们应该正确地对待自己的缺点与不足，勇敢地发现它，改变它。只有这样，我们才能更好地工作与生活。有缺点并不是问题，如果不敢勇敢地面对，那才是最大的问题。

消灭对失败的恐惧

有人说，人生有六大恐惧，分别是：贫穷、被批评、疾病、失去爱、衰老、死亡。如果我们的注意力总锁定在这些事情上，我们就会陷入痛苦的深渊，所以，我们要能够掌控自己的注意力。

如果一个人总是担心工作中出错，那么他在潜意识中也总会对自己说："千万不要出错!"当真的出现错误以后，他就不再勇于承担责任了，更不再敢于创新与突破了。这类人工作的目标不是把工作做到极致，而是不要出错就好，那么他们自然与成功无缘。

《作家文摘》中曾经登载过这样一段话：

成功的真谛在于正视失败的恐惧，抱着大无畏的精神全身心投入，至于结果如何，说不定全世界只有你自己知道，但是不管结果如何，你所经历的却是另外好几百万人永远都没有机会经历的——因为他们根本就不敢尝试!

如果你渴望得到什么就请努力关注它，如果你恐惧什么就不要在意它，多用"我想要什么"来提醒与暗示自己，就能使自己远离那些会带来恐惧的事情。

珍惜治疗法

人们对公司的不满与生活中的苦恼，很大一部分都是因为注意力的偏移：我们往往注意别人拥有而自己没有的东西。

我曾经在课堂上讲过一个“抛弃治疗”方案。如果一个人想离开现在的公司，但又迟迟下不了决心，那么他只需每天问自己几个问题就行：现在的公司有哪些缺点？哪些缺点是自己无法忍受的？每天都问自己这样的问题，这个人很快就会下定决心换份工作。

我也曾经讲过“珍惜治疗”的方案，同样也是每天问自己几个问题：自己现在的公司有哪些优点？哪些优点是自己最欣赏的？很多事情是没有标准的，只是我们主观地加上了一些标准，如果在这个过程中，不能很好地掌控自己的注意力，那么很容易做出错误的判断，带来让人失望的结果。

台湾画家黄美廉出生时由于医生的疏忽大意，使她的大脑神经受到了严重的损伤，面部和四肢肌肉萎缩。六岁时她还不会走路，不会说话。但是，她从没有自卑过，通过不断地努力获得了美国加州大学艺术学博士学位。一次在公众场合，一个孩子问："黄博士，您从小就长成这个样子，请问您怎么看自己的遭遇？您没有怨恨过吗？"

黄美廉在黑板上写道：

我好可爱

我的腿很长很美

爸爸妈妈这么爱我

上帝这么爱我

我会画画，我会写文章

我有只可爱的猫

还有……

我只看我所有的，不看我所没有的！

看了这些，台下掌声雷动，许多听众都被黄美廉的乐观感动得热泪盈眶。

我们要学会知足，用坦然的心态去面对自己，只有内心知足的人，才能用一颗平和的心去工作、去生活，才能得到最终的幸福。

放下虚无的“面子”

有一个商人，公司倒闭，负债累累。然而，他不思东山再起，而是到处借钱，每天依然穿着华贵的衣服，游荡在各种娱乐场所，维持自己所谓的“面子”。最终，他被所有的亲戚朋友抛弃，再也借不到钱了，“面子”也一去不复返了。这位商人的生活是有“面子”的，但是却没有一点尊严，对于他来说，“面子”是一个深重的包袱，使他失去了争取幸福生活的斗志，挤垮了他最后的那点尊严。

很多大学毕业生找不到工作，每天坦然地待在家里，做“啃老族”[①]，拿着父母微薄的收入上网吧，下馆子，进迪厅，逛商场，看起来风光无限，其实尊严全无。要想让这些人真正地站起来，就要撕掉他们的面子，帮他们树立

---

① 又称尼特族，是指年龄在15～35岁之间，不升学、不就业、不进修，也不参加就业辅导，终日无所事事的族群。

真正的尊严。英国一位著名的作家说过：“天使之所以能够飞翔，是因为他们有着轻盈的人生态度。”

有一次我去石家庄做培训，几百人的会场座无虚席，在我进入会场时，不小心当众摔倒了，我很平静地站起来，整理好衣服，若无其事地跑上讲台，开始了我的演讲，而且发挥正常。因为我知道，这一跤虽然影响了我的面子，但却没有摔坏我的尊严。正是我这种无所谓的态度，使我心情平静，发挥正常，使那场培训收到理想的效果。

最在意你的人只有你自己，或许某一次出丑的经历成为自己多年的心中隐痛，但也许当时在场的人早就忘记了，当时他们只是笑笑就过去了。越是不自信的人，就越是爱面子，越是自信的人，反而不太关注面子。我们真正应该关注的是尊严，而不是虚无缥缈、毫无实际意义的“面子”。

第二章　首先，对自己负责

中国有句古话：天雨虽大不润无根之草。对人而言，心态就好比是草的根，如果一个人，没有对自己负责的心态，那么这个人即使遇到再多、再好的机会，也很难成功。

许多人都抱着打工者的心态去工作，认为企业是老板的，利润是老板的，自己是为老板打工的。对待工作的态度自然是能不干就不干，能少干就少干，敷衍塞责，消极怠工。这样的做法，不仅是对企业不负责，更是对自己不负责，这样的人怎么能谈得上成就个人的事业呢？人应该对集体负责，对他人负责，更应该对自己负责。只有勇于承担责任的人才能成为一个真正的职业人，才能够抓住机会，才能够成就事业。

一、 为你的理想打工

家有万金不如薄技在身

如果一个人从心底里认为工作是为了自己，那么，他与企业间的关系就变成了合伙人的关系。如果一个人有这种合伙人的心态，那么心中就不会有那么多不公平和抱怨。现在大家都渴望创业，以实现自我的梦想，满足自我的欲望，但实际做起来会面对很多困难和风险。

创业不一定要自己创建一家公司，在公司里面也可以创业，只是换一种思维来考虑问题就行了。

实现在企业内部创业非常简单：把你的工作当作你的事业，公司给你提供的一切都是对你事业的入股，而你以你的能力入股。你与公司的这项合作会有两方面的产出：第一个部分就是为公司创造的财富，第二个就是你个人能力的提升。俗话说，家有万金，不如薄技在身。钱是会用尽的，但技艺和能力却是发展的不竭动力，如果你具备了别人所不具备的能力，财富就会源源不断。

所以说，在企业内部创业风险小、回报高，可以作为个人事业成功的突破口。

从泥瓦匠到董事长

有这样一个故事，齐瓦勃 15 岁那年，家中一贫如洗。他被迫辍学，来到一个山村做了马夫。齐瓦勃没有自暴自弃，时时刻刻都在寻找着发展的机遇。三年后，齐瓦勃来到钢铁大王卡内基的一个建筑工地打工。一踏进建筑工地，齐瓦勃就抱定了要做同事中最优秀的人的决心。当其他人抱怨工作辛苦、薪水低而怠工的时候，齐瓦勃却默默地积累着工作经验，并自学建筑知识。

一天晚上，同伴们在闲聊，唯独齐瓦勃躲在角落里看书。那天，恰巧公司经理到工地视察工作，经理看了看齐瓦勃手中的书，又翻开他的笔记本，什么也没说就走了。第二天，公司经理把齐瓦勃叫到办公室，问他："你学那些东西干什么？"齐瓦勃说："我想，我们公司并不缺少打工者，缺少的是既有经验又有专业知识的技术人员，对吗，先生？"经理点了点头。不久，齐瓦勃就被任命为技师，接着齐瓦勃一步步升到了总工程师的职位上，25 岁那年，齐瓦勃做了这家建筑公司的总经理。

卡内基钢铁公司有一个天才的工程师——琼斯，他在筹建公司最大的布拉德钢铁厂时，发现了齐瓦勃超人的工作热情和管理才能。当时，身为总经理的齐瓦勃每天都最早来到建筑工地。当琼斯问齐瓦勃为什么总来这么早的时候，他回答说："只有这样，在有急事发生的时候才不至于耽误进度。"工厂建好后，琼斯推荐齐瓦勃做了自己的副手，主管全厂事务。

两年后，琼斯在一次事故中丧生，齐

瓦勃便接任了厂长一职。因为齐瓦勃的天才管理才能及工作态度，布拉德钢铁厂成了卡内基钢铁公司的灵魂。因为有了这个工厂，卡内基才敢说："什么时候我想占领市场，市场就是我的。因为我能造出又便宜又好的钢材。"几年后，齐瓦勃被卡内基任命为钢铁公司的董事长。

当齐瓦勃还是个建筑工人时，他的积极努力遭到了很多人的嘲笑，因为即使干得多，工资还是一样的，但齐瓦勃说："我不是为老板打工，更不单纯是为了赚钱，我是在为自己的梦想打工，为自己的远大前途打工。我要使自己的工作所产生的价值，远远超过所得的薪水，只有这样，才能获得发展的机遇。"正是这种为自己工作的坚定信念，让齐瓦勃最终达到了人人羡慕的事业巅峰。

只有为自己工作的人，才会有工作的强大动力。而且，不论在哪家公司，做什么工作，他都会像在为自己工作那样不遗余力，不斤斤计较，即使遇到困难或问题，也不会气馁退缩，而会努力地寻找解决的方法，并且不把责任推卸给任何人。

我在一家知名企业辅导时，曾经遇到过这样一位培训师，他刚进入公司时，工作十分出色，但是他从培训师升为培训主管后，工作绩效却下降了。该企业的领导觉得有些奇怪，希望弄清原委，于是，希望我以第三方的身份去找他沟通一下。

于是我便去找那位培训师聊天。

我问："为什么你升官了绩效反而下降了呢？发生了什么事情？"

他说："李老师您有所不知，我做主管以后工作量大了，但是，工资并没有随之增长，我现在做着主管的工作，却拿着普通培训师的工资，我感觉心里很不平衡。所以，我就想拿多少钱就干多少事，你说我这样做不对吗？"

我回答说："这么做不妥啊！企业用人都有试用期，试用期间是不会有高工资的。现在工作量大了，只能说明领导在观察你的能力是否能够胜任目前的工作。更重要的是，你弄混了过程与结果的关系，我们日常所做的工作只是过程，你的工作不会像计件工作那样立刻有结果，需要一定时间才能看出你的业绩。而企业是按你的工作业绩付酬金的，不会没做工作先给你奖励。”

对于工作不要总是急着要求回报，如果没有付出，哪会有回报？如果你想等得到回报才付出，那就将永远停留在等待中。如果回报还没有达到你想要的标准，那么原因只有一个，那就是你付出的还不够。

二、享受“自转”的乐趣

杰克·韦尔奇曾经说过这样一句话：“别人都说我的领导工作很成功，其实我工作时只做三件事情：第一件事情是告诉我的下属要做什么；第二件事情是教给下属如何去做；第三件事情是监督考核下属有没有做，以及做的效果如何。”由此可以看出，杰克·韦尔奇所培养的全部都是“自转”运行的员工。

快乐工作零误差

认同和接受自己的工作，是工作成功的前提。一个人永远无法把自己不喜欢的工作做好。如果一个人在做自己不喜欢的工作，那么最好的结果也就是零误差，即完成任务不出错。在这个过程中，不会有任何的创新，同时自己的能力也不能够完全发挥出来。如果我们想要事业成功，就首先要爱上自己的工作。诚如人们常说的那句话：干一行，爱一行。有些人常常感到工作当中没有乐趣，每天都处于痛苦之中，那么可能并不是工作出了问题，而是个人的心态出现了问题。

一个成功的人，是不会拥有“打工心态”的，他时时刻刻都在想着认同自己的工作，把工作当成乐趣。

从前有人养了两匹马，一匹叫聪聪，一匹叫笨笨。刚开始主人用这两匹马拉一辆马车，聪聪总是耍小聪明，自己不肯出力，只靠着憨厚、勤恳的笨笨拉车。笨笨也不和聪聪计较，虽然它知道聪聪没有尽力，但自己还是很努力地拉车。

有一天，主人又买了一辆马车，让聪聪和笨笨各拉一辆车。这让聪聪很郁闷，因为它找不到偷懒的机会了。终于，有一天聪聪又找到偷懒的办法：每次拉东西时，它都装成很虚弱的样子，于是主人就会把一些原本应该给聪聪拉的东西搬到笨笨的车上去，这招还真管用，聪聪屡试不爽。后来，主人觉得既然笨笨可以拉全部的货物，那么，还留着聪聪有什么用呢？还不如把聪聪卖了，把给聪聪的草料都喂给笨笨，让笨笨长得更壮更有力气。

于是，主人决定将聪聪带到市场上卖掉。由于聪聪长期偷懒取巧，所以膘肥体健，买家出价都很高，当然出价最高的是屠宰场的人，主人最终把聪聪卖给了屠宰场。面对屠刀，聪聪再也没有什么小聪明可耍了。

你在为谁工作？这个基本问题决定了你的

工作快乐指数，也是你事业成功与否的关键问题。这个问题的答案无外乎两种：一是为他人工作；二是为自己工作，并为此承担责任与压力。为自己工作的人对待工作有高度的责任心，有强烈的主人翁精神，不论有没有奖励，有没有人监督，都会用心去工作。在企业中，这样的人有时候会被认为是傻瓜，但他们的能力却提升得最快，收入也增长得最快。这才是真实的职场法则！

别让工作推动你

有一次，我在一家公司做销售培训，需要一个助手，于是，我就和这家公司的人力资源部经理提出希望他能给我配一个助手。助手派来之后，我让她帮我把销售人员能力测试问卷录入电脑。过了半个小时，她拿给我看，里面错字连篇。于是，我说："这里面错字太多了，你看能不能修改一下？"她很不情愿地拿走了，态度不像秘书，倒是很像老板。过了几分钟她回来了，我一看，错字只改了一部分，而且版式也不太好看，我说：“你能不能再重新排个版？”她过了快两个小时才回来，很不耐烦地把文件放在我面前。我一看，基本上没改动，看她的样子我也不好再说什么了。

到了下午，我去找这个公司的人力资源部经理，对他说：“能不能给我换一个秘书。”他说：“李老师，肯定得给您换秘书，因为，她已经到董事长那里告您的状了！”我很诧异，人力资源部经理又说：“是的，她说你刁难她，一份稿子你非要让她打好几遍。”我就把情况如实对人力资源经理说了一遍，他苦笑着说：“李老师我理解您，这个人是我们董事长家的亲戚，我们不敢惹。”我说：“你赶快给我换个助手吧！”经理说：“我们现在实在是抽不出人来，不过刚来了一批实习生，您看您能不能从中选出一个？”我说：“只要文笔好一点，有电脑常识就可以。”

很快，他派来一个女实习生，我并没有急着给她分配工作，而是先给她做了两个小时的培训，内容是“主动工作是被动工作效率的五倍”。我对她说：“不要认为你的工作是为别人干的，你的收入是来自于你的工作能力，如果工作能力提升不上去说什么都没有意义。所以，你有这么一次机会，应该珍惜。以后，你该干什么就干什么，我不希望要我告诉你做什么你才去做什么，并且我相信，只要你不断努力，你一定可以快速升职、加薪。”我还给她举了很多真实的案例，她听后非常兴奋。于是，我把同样的问卷交给这位新助手去录入，当她把完成的电子版问卷给我看时，我几乎没有发现一点问题。

为什么我们常说热情是最好的老师？原因就在于主动工作能发现很多问题，被动工作却什么问题都发现不了。

项目结束时我认真地对她说：“只要你以这种态度努力工作下去，两年内你一定是办公室主任了。”还真让我说对了，一年多以后，她真的成了那家公司的办公室主任。

这个实习生为什么这么快就能够进入管理层，成倍地提高自己的能力和收入呢？办公室的工作很琐碎，很难做，组织会议、安排车辆、迎来送往、考勤、员工慰问……干好了是应该的，干不好就要挨批。但是她用很大的热情投入其中，每天不知疲倦地工作到很晚，手机每天二十四小时开机，一步一步地晋升为整个集团的办公室主任。所以说主动地推动工作是我们职场成功的制胜法宝。

三、 不要只做你该做的

在公司里，有时会发生下属给领导安排工作的怪事。

下面是办事员小 A 与主管之间的对话：

小 A：咱们部门明年的工作计划您写了吗？

主管：还没有写呢。

小 A：那您什么时候写啊？

主管：明天下午吧。

于是，小 A 第二天下班前又来找主管。

小A：头儿，昨天说的那个工作计划您写了吗？

主管：我还没有写呢，今天工作实在太多了。

小A：不能再拖了，都两天了……

这领导到底是小A还是主管？

其实，这个主管也可以换一种方式来回答小A，把部门里每个人的计划归纳起来不就是部门计划吗。小A也可以更加主动地去工作，而不是在那里等着领导做计划。一个积极主动的员工应该帮助领导思考，请示问题时要带着三个或更多的答案。必须懂得一个道理，领导不是给你出主意的人，而是帮你拿主意的人。

带着答案去请示

我有一个朋友，二十几岁就做了一家大公司的副总经理。别人问他为什么那么快就能成长起来？他讲了三方面的原因：

第一，他心甘情愿地做很多人不愿意做的工作，并且不计回报。他经常每天晚上加班到很晚，第二天早上又准时上班，而且从来不抱怨。别人都认为他有些傻，但他自己却认为很幸运。他把难度大、操作复杂的工作都做了，不仅积累了工作经验，而且提高了业务水平。

第二，他勇于承担自己的责任。作为优秀的员工负起责任是应该的，最重要的就是什么事情都要想在前面，有一定的预见性，只有这样领导才能够真正地信任你。

第三，请示工作时带好三个或三个以上的答案，请领导来做选择题。

如果你是领导，你喜不喜欢这样的员工呢？我想每一个领导都会喜欢这样的员工，因为他什么事都能想在前面，领导不用费心去了解情况，去想解决方案，他都已经想好了。这样的好员工凭着积极主动的精神，把公司的事情当成自己的事情来完成，怎么会得不到领导的赏识和器重？

超越绩效考核

美国美孚石油公司曾经有一个销售人员叫

做阿吉伯特，他签支票、写信以及所有需要他签名的时候，都会在名字下面另外写上一行字：每桶四美元的美孚石油！以至于别人都忘记了他的名字，常常叫他每桶四美元的美孚石油。

这件事在他们公司成为笑谈，许多人笑他像个傻瓜。后来，公司董事长洛克菲勒知道了这件事情，对阿吉伯特大加赞赏，并邀请阿吉伯特共进晚餐。后来，洛克菲勒卸任以后，阿吉伯特就成了美国美孚石油的第二任董事长。

阿吉伯特为什么会成为第二任董事长呢？道理很简单，因为他具备了一个管理者的素质。真正可以成为管理者的人，一定是那些对自己负责，不需要他人监督，所有的事情都不依赖他人，能够独立解决问题的人。优秀的员工不仅做领导分配的工作，更要做自己应该做的工作。但许多时候，我们还是在延续过去的思路，只做考核之内的事情，不做考核之外的工作，这样下去迟早会出问题。

四、唤醒你的责任心

目前，许多企业的现状是：多数人在抱怨，在找借口，极少有人去解决问题，极少有人去负责任。只有那些发现问题并解决问题的人，才会成为职业精英。

不为失误找借口

一个人迟到了，被领导发现并询问原因，这个人可能会说："今天早高峰时段车太多了，堵车的时间特别久，所以我迟到了。""昨天加班加得太晚了，所以早上来晚了。""我早上看错表了，以为时间还没有到呢！""地铁出了点故障，所以我迟到了。"……这是我们工作中常见的情况，为什么出了问题，我们就不能勇敢地对领导说："对不起，迟到是我的错，我以后一定不会迟到了！"如果你是领导，对这种自己犯了错还推诿扯皮，推卸责任的员工，你会委以重任吗？

我在做主管的时候，如果员工来向我汇报工作时说“我以为、我认为、但是、就是、可是……”这样没有意义的话，我就会立即制止他。一个管理者，能够允许下属犯错，甚至是失败，但绝对不能允许下属逃避责任。错了就是错了，谁没有犯错误的时候，关键是要有勇气承担责任。

勇于承认错误是明智的，因为这样能够避免今后更大的损失。而隐瞒错误，耍小聪明，好比用纸来包火，总有一天会铸成大错！

只为难题找方法

著名职业经理人唐骏，在加入微软的时候，仅仅是一个普普通通的工程师。当时，微软公司软件开发的流程是：先开发英文版的系统，英文系统研发出来后，再由一个300多人的大团队开发成其他语言版本。这是一个复杂的系统工程，在这个程序转化的过程中，并不只是翻译菜单那么简单。以中文版为例，许多源代码都要改写，这项工作需要50个人做大半年的时间才能完成。

一般情况下，Windows英文版上市9个月后，中文版才能上市。刚进微软才几个月的唐骏，觉得这种死板的开发程序费时费力，也浪费了公司大量的资源，减缓了产品上市的速度。有没有更好的办法改变这种局面呢？其实，这些问题根本不是一个基层程序员考虑的事情，做好自己分内的事就行了，至于开发的速度、上市的速度，那是高层领导考虑的事情，与基层工作人员没有直接关系。可是，唐骏不是这样想的，他觉得自己有责任考虑这个问题，并相信一定有解决这个问题的更好的方法。

唐骏下定决心之后，在完成自己的分内工作的同时，每天下班后都在艰难地、执著地进行着他的破冰之旅。半年之后，他拿出了自己的解决方案，并经过反复试运行之后，才去找上司面谈。

后来，微软公司花了3个多月时间，

对唐骏的方案进行了论证，最终认定他的方案是可行的。于是，原来300人的庞大团队一下子缩减到了50人，非英语软件版本上市的速度大大缩短。之后，微软公司马上做出决定：由唐骏来带领这个团队，重新对微软操作系统进行全方位的革新。

进入微软一年半以后，唐骏不仅被提升为部门经理，薪水也得到了提升，而且在股权上也得到了回报。在回顾自己的工作经历时，唐骏感慨地说："虽然是做程序员，但是不能只把自己当成程序员，你还应该为你的老板和公司着想，去发现问题，但并不是找到问题就万事大吉，因为你看到的问题，很多人可能早就提出来，甚至抱怨过了。所以与其跑去找老板反映问题，还不如调查研究后带着解决方案去找老板，这才是上策。只有能够指出核心问题又能拿出有效解决方案的员工，才会得到老板的重视和信任。"

我想，唐骏在晚上辛苦加班编写相关程序

的时候，他一定没有想加班费应该怎么算、交通费给不给报销的问题，而他只是努力地寻找解决这个问题的方法，所以唐骏成功了。

如果下次再向领导说起公司的某些问题的时候，你一定要带上解决方案，否则你对问题的陈述就变成了抱怨，是没有任何意义与价值的，而且会让领导对你的工作态度和人品有看法。

所以说，借口是无能者的保护伞，方法是成功者的开山斧，只要我们努力地寻找解决问题的方法，每个人都能够成功。我坚信一条真理，那就是方法永远比困难多！

五、 学会经营自我

经营自我是一种能力，在工作中，你是不是缺少长远的眼光，不能够为了自己的发展牺牲眼前的蝇头小利？是不是停下了学习的脚步？这些想法和做法是阻碍你快乐工作、幸福生活的绊脚石！

放弃眼前利益

汤姆·布兰德刚刚进入福特公司时，只是一个小杂工，而后来他凭借着经营自我的精神，成为福特公司最年轻的总领班。在有“汽车王国”之称的福特公司里，32岁的他就已经是总领班了，这确实是史无前例的。那么，他是如何做到的呢？

汤姆20岁的时候就进入了福特公司，工作了一年以后，他对生产流程有了一定的了解，他对自己说：如果我想要在公司有所作为的话，就必须对汽车的全部制造过程有深入的了解，对于各个部门的生产流程及操作工艺都要相当熟悉。于是，他主动要求到基层去做杂工，因为杂工不属于正式工人，也没有固定的工作场所，哪里有需要就到哪里去工作。汤姆做了几年杂工以后，对各部门的相关情况都有了一定的了解。在近五年的时间里，汤姆把所有部门的工作都做了一遍，并对整个流程有了更深刻的认识，接着他就申请到装配线上去工作。

他的家人对他的行为极为不解，他爸爸语重心长地劝诫他：“你已经工作五年了，老是做这些小事，怎么会有前途呢?”

汤姆笑着回答说：“爸爸，我不能够为了当一个部门的小头目就停下前进的脚步。我要把视野放在整个工厂，自然就要把精力和时间用在了解整个工作流程上。我要了解的是整部汽车是如何制造出来的，而不仅仅是一个汽车坐垫的生产过程。”

汤姆到了装配线上工作以后，确实发挥了别人无法替代的作用，因为汤姆在公司全部的 13 个部门中都工作过，掌握各个部门的工作流程及生产工艺，了解各种零件的特性，所以他能更快速高效地完成装配线上的工作。没过多久，他就成了装配线上的灵魂人物。很快他就被升为领班，并逐步成为 15 位领班的总领班。

汤姆的成功不是偶然的，是他掌握了 13 个部门的生产流程及生产工艺以后，才具备了这样能力的。

很多人看到成功者的奋斗史以后都会说：

如果我有那样的机会，我也能够成功！扪心自问，我们的工作生涯中真的缺少这样的机会吗？不是！我们从来没有缺少过这样的机会，我们缺少牺牲眼前利益来换取未来利益的眼光，缺少通过学习来提升自我能力的过程，缺少经营自我的观念。

学习的革命

经营自我的最主要的内容就是要不断学习。有些人会说每天工作忙忙碌碌，哪还有多余的时间和精力去学习。其实，只要你是个有心人，在平时的学习和生活中，每时每刻都可以学习，你身边的任何事都可以是你的学习对象，每天你都可以经历一场学习的革命！

你可以选择的学习对象有：

A. 向老板学习

也许很多员工心目中最不服气的人就是他的老板，他可能认为老板什么都不懂，只是凭借一时的运气创建了公司，走上了领导岗位，而事实绝非如此。老板对于整个行业的把握、对于整个产业发展趋势的判断，对公司战略方向的独到见解，都是需要我们尊重与学习的。

B. 向主管学习

向主管学习管理经验和专业知识。一个人他不会无缘无故地成为领导，他既然成为领导就一定有过人之处。只要我们虚心地向他请教，向他学习，总有一天我们也能够走上领导岗位。

C. 向前辈学习

有问题向前辈请教，有时间多找前辈聊天，有可能你和他对话一个小时，他告诉你的是他十年工作的经验，一定会让你受益匪浅。

D. 向同行学习

俗话说：同行是冤家。其实，同行更应该成为榜样，只有集众家之所长，为我所用，才能够在众多的同行中脱颖而出。所以说向同行学习也是职业人士非常明智的选择。

E. 参加相应的培训

现在许多企业都会组织一些培训，这样能够借助外脑，提升内部员工的知识水平和业务水平。作为员工，将这些理论知识与自己的工作实际相结合，会使自己的能力有一个质的飞跃。

在“学习的革命”中，你需注意的事项：

A．用什么学什么

很多人在学习的过程中迷失了方向，因为他们没有弄清楚到底是知识为人服务还是人为知识服务，不知道自己应该学些什么。我相信最明智的选择就是用什么就学什么，带着问题学习是最好的学习方式。用学习来解决工作当中的具体问题，这是成人学习的第一大准则。

B．学习成功人士的职业操守

一个人绝对不会无缘无故的成功，既然他能够成功，那么他在职业操守方面一定有值得借鉴的地方。

说得更明确一些，职业操守就是成功者的原则。一个成功者用来指导他的工作以及行为的原则，是他成功的核心。如果我们能把这个核心复制到自己身上，那么，我们也就拥有了他们那样的成功原则。

C．学习成功者的思维及行为方式

思维决定行为，行为决定结果。只要我们能够将成功者的思维和行为方式复制到我们自己的头脑中来，那么我们最终一定会得到与他一样的结果。

D. 教学相长

不要吝啬你学到的知识，不要把它封存起来，应该广而告之，与更多的同事分享。分享这些知识和经验，一来可以加深你自己的印象和理解，二来能够让你得到更多人的支持与尊重，这是成人学习迅速提高学习效果的法宝。

E. 一学九练

学习的目的并不是让人们掌握更多的知识，而是让人们提高自身的能力。如果一个人学到很多知识而不去应用，那么知识也只能是知识，不能转化为生产力，只有人们把所学的知识运用到实际工作中去，才能达到学习的目的。所以有句熟语叫一学九练，就是说，如果在学习知识上投入的精力是一，那么用来练习的精力就应该是九。理解了，学会了，做到了，最后再能够形成一种习惯。

第三章　接受工作　享受工作

从前，有一位国王，他的国家是个多山的国家，每次出宫巡视，他都会被山路上那些坚硬的石头磨痛脚。国王为了表示自己亲政爱民，决定把全国所有的山路都铺上牛皮，这样人们再踩到石头上就不感觉脚痛了。

国王把这项光荣而艰巨的任务交给了他最信任的人——宰相。这样一来，可愁坏了宰相，宰相心里非常清楚，即使把全国所有的牛都杀了，凑起来的牛皮也根本不够铺满这个国家的山路。但命令是国王下达的，是不可违抗的，这可怎么办呢？正当宰相一筹莫展时，他聪明的女儿为他出了一个主意："您去和国王商量一下，能不能别用牛皮铺路了，用牛皮把我们的脚包起来不比铺路更好吗？这句话点醒了宰相，于是他很兴奋地去找国王商议，国王很高兴地采纳了这个意见。相传这就是牛皮鞋的来历。

要想改变世界需要太多太多的“牛皮”，当你听某人说他可以改变世界时，他十有八九是在吹牛皮。改变自我比改变世界简单得多，因为，我们只需要两块小小的牛皮。

人生有一个悖论：知道得越多，痛苦就越多。其中的原因有两个：一是懂得多了，就学会了比较，会出现心理失衡，所以痛苦就多了；二是懂得多了以后，对生活的要求就高了，快乐也就随之减少了。

如何使自己既懂得多又不痛苦呢？我们常说人类面对的最大的敌人就是自己，也就是说只要我们战胜了自我，就是战胜了自己最大的敌人。战胜自我有两种方法：一是妥协；二是接受并改变。我所倡导的战胜自我，就是要先接受无法改变的事实，然后在此基础上努力改变，而不是一味地向现实妥协，安于现状，不思进取。

一、无法改变就积极接受

我们的人生中有两类事，一类是我们可以改变的，一类是我们无法改变的。相对应的这两类事情有两种人生态度：一是改变可以改变的事，接受无法改变的事；二是改变可改变的事，拒绝接受那些无法改变的事，并为此一直痛苦地抱怨下去。

“踢猫”的故事

某公司董事长总是不能按时上班，有一天，他破天荒地准时来到公司，发现竟有近1/4的员工没有按时上班，他大为震怒，当即召开全员大会，点名批评迟到的员工，重新强化考勤制度，并且当众承诺自己今后一定会按时上班，起到模范带头作用。

董事长在接下来的三天里，每天都准时来到公司，到了第四天的早上，董事长起床晚了，他非常着急，他用最快的速度穿好衣服，连脸都没有洗就冲进了汽车。他一路超车，还闯了红灯，于是被警察拦下，罚了款，扣了分，结果还是迟到了十五分钟。

董事长愤怒到了极点，暗自抱怨："今天真是倒霉！前几天，刚在全员大会上强调了不许迟到，现在自己先违反了，怎么向员工交代呢？再说警察也真是的，居然给我这样善良、守法的公民开罚单。他该做的是去抓罪犯，而不应该找我的麻烦。我车开得快并不表示不安全，真是可笑！"

这时，他正好遇到销售总监，就把销售总监叫到办公室，很生气地问与A公司的生意是否谈成了。销售总监回答说："董事长，非常遗憾，我们失去了与A公司的那笔生意。"董事长愤怒地对销售总监说："你知不知道，我付给你比别人高几倍的薪水与奖金，就是为了让你争取比别人更多的生意。与A公司的合作能扩大我们的产量，拓展市场，而你却把它弄丢了。我不管你用什么方法，你必须把这笔生意夺回来，否则我炒你鱿鱼！"

销售总监听了，虽然表面上没敢发作，但心里很窝火，暗自抱怨：“真是太伤人了！18年来，我一直为公司卖命，在销售部门鞠躬尽瘁。董事长不过是每天看看文件，喝喝茶，没有我就没有公司如今的局面，现在只不过因为失去了一笔生意，就要炒我鱿鱼，真是太欺负人了！”

销售总监回到办公室，心中的怒火越燃越烈，这时他的秘书恰巧从门口经过，于是他把秘书叫进来问：“今天早上我给你的那份销售计划书打印好了没有？”秘书回答说：“我马上就去打印。”销售总监生气地质问：“为什么非得要我督促呢？你这样做对得起公司发给你的薪水吗？”秘书委屈地说：“领导，难道你忘了，B 客户来咨询，我一直在接待他。”销售总监大声嚷道：“不要找任何借口！我告诉你，如果你不能赶快把计划书打印好，我就交给其他人去做。你在这里做了 7 年，并不表示你可以永远做下去！”

这位秘书走出销售总监办公室，暗自抱怨：

"真是烦透了！这些年来我一直尽力做好每一件事，手机24小时开机，就怕公司出什么事，我比其他三个秘书做得更好更多。现在居然要求我同时做两件事情，真是岂有此理！"

这位秘书郁闷了一天，晚上回到家发现上小学的儿子在看动画片，于是，她非常生气地说："做作业了吗？"儿子说："还没有。"她的郁闷情绪一下子爆发出来，对儿子吼道："你真是不让我省心呀！真是不懂事啊！为什么不先写完作业再看动画片呢，你这样贪玩，对得起我每天为你努力工作吗？马上去写作业，写不完不许吃饭！"

秘书的儿子回到自己的房间也很生气，暗自抱怨："不就是看看动画片吗，有什么大不了的，我先看动画片后写作业与先写作业再看动画片有什么区别吗？再说了，我如果先写作业再看动画片的话，那动画片早就演完了，我们的同学都是先看动画片再写作业的，凭什么我就要先写作业？真是莫名其妙！"男孩越想越生气，这时他们家的猫在他的腿上蹭来蹭去，想讨他的欢喜。结果男孩一脚把猫踢到床下，并对猫大嚷道：“我烦着呢！”

我们可以把这个故事理解为董事长迟到等于踢猫，早知如此，秘书还不如把董事长请到家里来让他直接踢一下猫就完了。

这个故事听起来似乎滑稽可笑，但它告诉人们一个痛苦传递的原理。人们通常在不开心或者压力大时，都会把这种不快发泄出来，而大多数人的发泄形式是找身边的人发一通脾气。在我们发脾气时最容易受到伤害的，往往是我们的家人和朋友，是那些我们想保护的人。每一次发脾气，都是把我们自己的压力与不快转移到他们的身上，让他们去为我们承担这一切。他们多么无辜啊！相信大家每次发过脾气后，都会有一点后悔。

我常说，我们应该学习垃圾箱，包容生活中的不愉快，化解这些不愉快，只有这样，我们才能保持良好的心情。心情好并不是因为我们身边总是发生好事情，而是我们学会了化解那些不好的事情。

甩掉原来的自己

人们都喜欢自由自在地开车，但是，无论怎样自由自在地开车，我国的交通法规规定：只能在路的右侧行驶，如果一个人违反了这一交通法规，非要在路的左侧开车，就会酿成大祸，这是违反制度的代价。

很多公司都有吸烟室，在吸烟室里的人并不仅仅在吸烟，许多人还会谈论公司的制度，其中，赞美公司制度者居少，抵触、排斥公司制度者居多。对此，我们该如何看待呢？任何公司的制度都不是完美的，都会有一些不合理的地方，但假设公司没有了制度，将会变成什么样子呢？员工因为没有制度的约束变得懒惰，因为没有制度，工作失去了标准，没有了绩效考核，利润会越来越少，公司很快会变成一盘散沙。

俗话说：国有国法，家有家规。企业也应该有自己的制度。企业制度能为员工的工作提供衡量的标准，能够考量员工的工作业绩，能够增强企业的凝聚力，是企业赖以生存的必备条件，也是企业的底线。

我们要学会适应企业的制度，适应企业制度的过程是一个自我改变的过程，很多外企以及港台企业都要求员工一年四季穿西装。很多员工会问：这有意义吗？当然有意义！因为这是公司的制度，只要在这样的公司工作，就要学会接受公司的游戏规则，只有接受了这种游戏规则，你才能真正地融入企业的文化，提升自己的能力，这就是全部的意义！

在美国的一个小镇上住着一对老夫妇，在他们金婚那天，小镇上的人们为他们举办了隆重的庆典活动。可是，没过一个星期，老太太非要和他的先生离婚。她想要离婚的原因是她觉得丈夫不爱她，因为每次她想和丈夫聊天时，丈夫总是以在剪草坪、做饭或者收拾屋子等理由拒绝，所以她非常伤心。她坚定地认为她的丈夫不爱她了。她的先生在她提出离婚时对她说："亲爱的，过去是我的错，你再给我一次机会好吗？毕竟我们在一起生活了五十年，你再给我五天时间，让我来证明我是爱你的，如果这五天我还做不到让你满意，那么，我心甘情愿地和你离婚。”老太太同意了。

从此以后，这位老太太再也没提过离婚的事。很多人都为此感到好奇，相约去这对夫妇家一看究竟。他们一进院子就发现老太太正在院子里除草，而他的先生则正在旁边认真地听她讲着什么。看到邻居们来了，这对夫妇停下手头的活，与邻居们聊天。邻居们问老太太：“您现在生活幸福吗？”老太太一脸幸福地说：“他对我实在是太好了，我都不知道应该如何形容了，总之，我现在太幸福了。”说完，老太太就兴高采烈地去除草了。邻居们又问老先生：“您是如何做到的呢？”老先生淡淡地说：“这很容易，我现在什么活都不干，除草、做饭、收拾屋子都是她来做，我只是在旁边听她说话就可以了。”

这个故事说明，要想得到幸福与快乐很简单，如果改变不了对方，就用另外一种方式来改变自己，这才是智慧的选择。

曾经有位学员问我：“老师，我的主管对我有偏见。我刚进入公司时，主管对我特别热情，也很照顾我。可是，随着我能力的提高，她可能有了危机感，她现在非常排斥我，重要的工作也不交给我做，对我也不像原来那么热情了，您说我该怎么办呢?”

这并不是一个复杂的问题，但却很难回答，因为不论你给他什么答案，他都有可能反对。你所给出的答案，在他心里都出现过，只是，他自己不知道该选择哪一个而已。于是，我问道：“你觉得目前你能取代你的主管吗？也就是说如果要求你的工作能力比她强，薪资要求比她低，你能做到吗?”他说：“做不到。”我又问他：“那你会不会因为主管对你的态度不好而辞职呢?”他摇摇头，于是我说：“这就好办了。你现在唯一能做的就是改变可以改变的，接受无法改变的。你要愉快地去接受这个现实，接受现在主管的管理，你说对不对?”他回答说:“对，但是就怕暂时做不到愉快地去接受。”于是我又给了他几点建议：

• 在工作中要对事不对人，毕竟主管人还是不错的，而且能力的确比较强；

• 向主管学习，提升自己的能力，争取早日取而代之；

• 工作的空闲时间多学习，多思考，不要总是在想主管对自己有偏见；

• 凡事豁达一些，保持好心情。

在我们的工作中，领导都是有个性的，如果你不适应怎么办？只有慢慢去学会适应，等你也成为领导时，你就不用适应了。比如你的领导爱批评人怎么办？那你就要把受领导批评理解成是工作的一部分，这样，你内心就会坦然了。

二、 苦难是人生的宝藏

人生不可能事事如意，要学会正视人生中

的苦难与挫折。一个青年出海捕鱼，突起暴风雨，情况非常危险，他必须马上回到岸上去，可是他几次努力都失败了，因为风太大了，总是把他的船刮得偏离航向，情况越来越紧迫！这个年青人突发奇想：小岛上有很多石头，如果在小船上装些石头，让船更重一些，船不就不会被吹得偏离航向了吗？于是，他往船上装了一些石头，这样他终于回到了岸边。

我们人生中的苦难就像是青年装在船上的石头，船因为有了重量，才有了抗击风雨的能力，才能把握正确的航向。正是因为我们的生命中有了这样的苦难，才让我们更稳重、更成熟、更智慧。如果你事业有成，那么你最想感谢的人是谁呢？是那些曾经帮助过你的人，还是曾经伤害或者刺激过你的人呢？其实你应该感谢后者，正是因为当初的伤害或刺激，才激发了你的斗志，鼓舞了你的精神，燃起了你的热情，使你取得了成就。

感谢暴风骤雨

上帝是慷慨的，每天零点都会准时给你一

张24小时的支票，你有权使用它，但无权占有它，你可以通过努力把这张支票变为成功与快乐，而如果你只是一味地抱怨，这张支票就会变为失败与痛苦。

抱怨可以让人身心放松，发泄不满，能使人得到暂时的心理平衡。用抱怨解决问题没有任何意义和价值。并且，抱怨过后，你会变得更加痛苦，更加没有勇气。如果一个人用抱怨来发泄，并以此求得心理上的平衡，就如同寒冬里用热水来温暖自己一样，得到短暂的温暖，之后很快就会受到更严酷的寒冷的折磨。

有一个人被歹徒抢劫，并且受了伤。他觉得上天对自己太不公平了，自己也太无辜了。于是，每次亲友来探望他时，他都会把已经结痂的伤口揭开，向人们讲述他悲惨的遭遇，看望他的人都会痛心地抚摸他的伤口，说一些安慰他的话。后来，这个人的伤口感染了，但仍然没有改掉揭开伤口向人抱怨的毛病，结果病情越来越严重。最终，这个人在心理与身体的双重痛苦中离开了人世。这个故事所展示的就是抱怨的全部作用与意义。

生活只相信强者的微笑，不相信弱者的眼泪！你的抱怨只能显示出你的无能，所以，要学会坚强，学会克制，做不抱怨的成功者。

抱怨是谋杀幸福的病毒

抱怨是人类精神领域最具杀伤力的病毒，它不仅会让你失败，也会把你身边的家人和朋友变成失败者。如果你喜欢一个人就鼓励他，如果你想报复一个人就对他抱怨。

那些生活的强者、成功的人士是从来不抱怨的，他们即使遇到了挫折，也能及时调整心态，先适应现状再改变现状。

古往今来，那些成功人士哪一个不是历经了千辛万苦，克服了艰难险阻才获得成功的。这些人有一个共同的特点，就是不是为自己找借口，不逃避现实。不论在多么不利的形势下，他们都会认真分析，冷静思考，在承认并接受不利现实的前提下，找出解决困难的方法，给自己开拓出一条继续前进的阳光大道。

公元1621年，谈迁28岁，他的母亲病故，他守丧在家，读了不少明代的史书。他发现史书中的错误非常多，因此想编写一部真实可信的明代史书。

自从谈迁有了这样的想法之后，他常年背着行囊，不断地寻找与明史相关的书籍来参考。谈迁在24年间六易其稿，终于在1645年撰写成了500万字之巨的《国榷》。可是，两年之后，也就是1647年，《国榷》的初稿全部被盗了，这使谈迁遭受了巨大的打击，甚至一夜间愁白了头。

谈迁痛哭了一夜，当太阳重新升起时，他理了理自己的思绪，化悲痛为力量，决定重新写一部明代史书。又经过了四年的努力，终于完成了新稿。在1653年，已经60岁的谈迁带着他第二次写成的《国榷》手稿来到北京。他在北京呆了两年半，走访了许多明朝的旧臣，搜集明朝相关的遗闻，并实地考察了历史遗迹，进一步修订了书稿，终于完成旷世巨著——《国榷》。

谈迁第一次完成《国榷》用了二十余年，其中的艰辛可想而知，他对《国榷》的珍爱可想而知。当书稿丢失后，他虽然痛哭，甚至愁白了头，但他并没有被击垮，没有陷入抱怨的深渊，而是继续奋斗，最终获得了成功。

成功的人很少抱怨，抱怨的人很少成功。若抱怨者能闭上嘴巴、认真反思、努力向前的话，那么成功就是水到渠成的事情。

三、心态“归零”

调整自己的心态，即以一种思维替换另一种思维，将心态归零。如果一个人总是为昨天发生的事情懊恼，为明天还没有发生的事情担忧，那么，他将失去最宝贵的今天。心态调整是要先学会接受无法改变的现状，然后努力把现状变得更好，这是一种人生智慧，一种处世哲学。

横看成岭侧成峰

• 正常即幸福

有许多事情你既无法改变，又不愿意接受，在这种情况下，“正常幸福法”就是一种非常有效的心态调整工具。使用这个工具，人会变得更加豁达，对人生的要求也会低一些。

这种方法的要领就是我们要把遇到的所有事情分为两种：一种是正常的，一种是幸福的。这样就不会有什么事情我们接受不了的。

在工作中运用正常幸福法，就是要在面对压力和困难时这样想：工作需要我们承担责任，有了责任自然就会有压力，所以工作压力大是正常的，压力小是幸福的；因为工作会有一定的劳动强度，并且会经常遇到一些困难，所以工作累是正常的，工作不累自然就是幸福的了。一个人如果能够这样不断地开导自己，他的工作就一定是快乐的。

• 定义转换

在我们身上发生的所有事情，理论上都没有好坏之分，如果有好坏之分，那都是我们自己强加上去的定义。

假如你走在盛夏的街头，突然有人冲上前来，把一盆水泼到你的身上，我想，大多数人都没有办法平静地接受这样的事情，都认为自己受到了侮辱和攻击。如果这一幕发生在泼水节上呢？被泼的人感觉一定很好。这种差异就来自于人们对于泼水这件事定义的差异上，在平日里被泼是痛苦的，在泼水节上被泼是快乐的。

再以加班为例，很多人都认为加班是一件很痛苦的事，但我却不这样认为。事业有成的人一定是那些工作能力比较强的人，工作能力从何而来呢？工作中别人做的你也做了，那么代表你和别人的工作能力差不多，如果工作中别人没有做的你却做了，那么代表你的工作经验与工作能力都会比那些没有做这项工作的人强，所以说加班并非坏事。

你可以把生活中的不幸定义为受到了不公

平的对待，使自己变成一个痛苦的人，也可以把它定义为平常之事，坦然接受，做一个快乐的人。

• 转换角度

两个小和尚因为一个问题争执了起来，他们分别去问老和尚。第一个小和尚把问题说完以后，老和尚说："你是对的。"小和尚高兴地走了。第二个小和尚把问题说了一遍以后，老和尚说："你是对的。"第二个小和尚也高兴地走了。这时，一直在老和尚屋里的另外一个小和尚说了："师父，您为什么说他们俩都是对的呢？"老和尚说："你也是对的！"小和尚顿悟：人间道理没有绝对的，只是程度不同而已！

如果世界是一头大象的话，我们所能触及的只是其中的一部分，所以看法、做法不尽相同。如苏轼诗中所说：横看成岭侧成峰，远近高低各不同。如果你能够站在对方的角度上来考虑问题，来看待对方的想法与做法，那么你就是一个拥有大智慧的人了。

一切都是最好的安排

• 不计得失

人们总是不自觉地生活在比较中，自己对别人好，就希望别人也对自己好；为客户售后服务做出了努力，就希望客户百分之百地认可自己的努力；销售时投入了极大的热情与努力，就希望客户接受自己的热情与努力继而购买产品。

如果你的付出是真诚与善意的，那么即使对方没有接受你，你也应该是快乐的。我们对别人好，别人不一定会对我们好，我们不能因为这样就改变我们的态度。我们不应该总是把自己对别人的付出挂在心上，应该像古人说的那样：人之有德于我也，不可忘也；吾有德于人也，不可不忘也。如果能做到这样，你的心中就不会有烦恼了。

• 勇者为王

一个销售人员去拜访一位非常重要的客户，当他走到这位客户的办公室门口，准备敲门的时候，他的手却停下了。因为他感到自己心跳加快、血流加速、呼吸急促、血压升高，并且在他的头脑当中还出现了以往拜访客户失败的情景。

这个销售人员为什么会在客户的门口有这样的反应呢？这是他的心态出了问题，他害怕敲开门见到客户后，听到“没时间、不考虑、已经买了、你们的产品太贵、没有听说过你们的产品、我们商量商量再说……”这类拒绝他的话。如果这个销售人员不能克服这种负面心态，他销售成功的几率就会越来越低。

其实这种负面的心态在我们的日常生活中是普遍存在的。如何克服这种负面心态呢？最好的办法就是把自己变成一个勇者。何谓勇者？真正的勇者不是那些打了胜仗的人，而是那些打了败仗，还依然有勇气与信心再次投入战斗的人！如果一个人面对失败，心态能够不受影响，依然有能力与信心去面对下一次挑战，并能战胜工作中的难题，他将是一个非常有战斗力的人。

从前有一位宰相，他有一句口头禅：一切都是最好的安排！有一天皇帝带着文武百官去打猎，不小心被一只受伤的老虎咬掉了一截脚指头，皇上疼得满头大汗，大吵大闹。文武百官也都不敢言语，这时宰相对受伤的皇上说：“一切都是最好的安排呀！这毕竟比丢条命强多了！”皇上大为震怒，命人把宰相关进监狱，听候发落。

过了一个月，皇上的伤好了，又带领文武百官去打猎。这一次更加不幸，被一个野蛮部落的军队抓住。对方一看抓住了皇上，非常高兴，于是准备把皇上杀了祭祖，因为这个部落有一个风俗，就是用地位越高的人祭祖，他们得到祖先的保佑就越多，部落就会越兴旺。可是当他们把皇上的衣服脱光，准备祭祖时发现皇上竟然少了一截脚指头，如果拿不完整的人去祭祖就代表着对祖先的不敬，会遭到报应。于是这些人把刀架在皇上的脖子上问道：“除了你谁官最大?”皇上用颤抖的手指了指新任命的宰相。于是这些人就把新任的宰相拿来祭祖了。不久，皇上的援兵到了，把皇上救回了皇宫，惊魂未定的皇上快步跑到监狱，找到宰相，向他讲述了这次打猎的经历，之后二人抱头痛哭，皇上一边哭一边说："宰相，你说得太对了，一切都是最好的安排！我当日如果不被那只老虎咬掉脚指头的话，那今日咱们君臣二人就无缘相见了！"没有想到宰相哭得比皇上还动情，并且一边哭一边说："皇上，你说得太对了，一切都是最好的安排呀！如果你不把我关进监狱，那么今天替你死的人是谁呀?!"

好事情未必有好结果，坏事情也未必有坏结果，人生不在于我们抓到了一手什么样的牌，更重要的是我们用什么样的心态去玩手上的牌。只要你能调整好自己的心态，并在工作与生活中保持快乐的心态，我相信不久你就会变得更成功、更幸福！

第四章 所有问题都是思路问题

一个人只有生活幸福了，工作才能快乐！

随着社会的进步，人们的生活质量在逐渐提高，但幸福指数却越来越低；人们拥有的财富越来越多，但安全感却越来越少；人们的娱乐项目越来越多，但离快乐却越来越远。产生这些问题的原因，是人们进入了一种心理误区。认清并有效地规避心理误区，是快乐工作、幸福生活的重要前提，而且，这也是一个人心智成熟的重要标志之一！

在我们日常的生活和工作中，常见的心理误区有五种：负面自我验证、自我设限、托付思想、衍射心理和苏必克现象。

一、正面自我验证

如果一个人经常进行正面的自我验证，那么这个人往往就会得到好的人生结果；相反，如果一个人经常有负面的自我验证，那么这个人往往就会得到不如意的人生结果。

别让思想被催眠

三个秀才结伴进京赶考，行前想占卜一下前程如何，于是，找到当地最有名的算命先生，他们表明来意之后，算命先生没有多言，只是从容地伸出了一个手指，然后微微一笑。这几个秀才不解，欲问详情，算命先生说："天机不可泄露，各位好自为之吧！"

秀才们走后，算命先生的儿子问，一个手指是什么意思？你有把握算得准吗？算命先生哈哈大笑，说："我有十足的把握！他们结伴赶考，无非有四种结果：中一个、中两个、中三个、都没有中，除此之外，没有其他的可能。

如果一个中的话，我的手指就是说三个只中一个；如果两个中榜的话，我一个手指的意思就是只有一个不中；如果全部落榜的话，我一个手指的意思就是一个也中不了。”

为何算命先生都会说：信则灵，不信则不灵！这正是利用了人们的这种自我验证的心理。但当人们的思想被催眠后，就会开始寻找一些能够自我安慰的理由来欺骗自己，即使自己在这个过程当中遇到了一些自己怀疑与反对的事情，还是会找出很多的借口与理由来安慰、开导自己，这就是自我验证的开始。

很多人在工作中戴着有色眼镜，对人和事物的判断很武断。有一位保险销售员，她总是为不能顺利地把自己代理的产品推销给有钱人而告辞。她总是有一种负面心理，认为自己不如有钱人富有，不如有钱人成功，她的话很难打动那些富翁，所以她每次拜访那些富翁时，只要人家一说忙，她就以为是在赶她走；只要人家一说不买，她马上以为对方否定了自己；对方表情稍显严肃，她就立刻认为自己说错了话……但是事实果真是这样吗？

我在讲授销售课程时，经常问销售员一个问题：为什么我们的产品卖不出去？有人说因为我们的产品太贵了；有人说因为我们的服务不好；有人说因为我们的广告力度不够；还有人说因为我们的公司知名度不高……其实，这些都是负面验证的结果，产品卖不出去难道真的都是我们自己的原因吗？有没有客户消费能力不足的可能？有没有客户暂时没有需求的可能？有没有客户还不够了解我们产品的可能？

如果一个人自己都不相信自己，那么没有人会相信他，如果一个人总是认为自己是倒霉的，那么运气永远会避开他；如果一个人认为自己命不好，那么他永远也过不上好日子……

预约一个好结果

罗杰·罗尔斯是美国纽约州历史上第一位黑人州长。他出生在声名狼藉的大沙头贫民窟，在这个地方生活的人大多是没有正式工作的流浪汉和偷渡客。在这样的环境中，这里的孩子从小就学会了打架斗殴，甚至还学会了偷东西、吸毒等，这些孩子长大后极少能够有份正式的工作，但罗尔斯像他们中的一匹黑马，一路冲到了纽约州州长的宝座。

在他就职之后召开的记者招待会上，一位记者问他：是什么把你推上了州长的位置？在300名记者面前，罗尔斯并没有说自己的经历如何坎坷，自己如何勤奋努力……而只是给记者讲了一个故事——罗尔斯的小学校长皮尔·保罗为他算命的事。

1961年，皮尔·保罗被聘为诺必塔小学的董事兼校长。当时正是美国嬉皮士流行的时代，他走进大沙头诺必塔小学的时候，发现这儿的穷孩子比“迷惘的一代”还要无所事事。他们不与老师合作，旷课、斗殴，甚至砸烂教室的黑板。皮尔·保罗想了很多办法来引导他们，结果没有一个是奏效的。后来，他发现这些孩子都很迷信，于是，他在上课的时候就多了一项内容——给学生看手相，他希望能用这种方法来鼓励学生。

当小罗尔斯从窗台上跳下，伸着小手走向讲台时，皮尔·保罗说："我一看你修长的小拇指就知道，将来你会成为纽约州的州长。"小罗尔斯听了大吃一惊，因为长这么大，只有他奶奶说过让他振奋的话："你会成为五吨重的小船的船长。"这一次，皮尔·保罗先生竟然说他可以成为纽约州的州长，着实出乎他的意料。他相信了这句话，并且记住了它。

从那天起，"纽约州州长"就像一面旗帜，指引着小罗尔斯。他的衣服不再沾满泥土，说话时也不再夹杂污言秽语，他开始挺直腰杆走路。在以后的四十多年里，他没有一天不按州长的标准要求自己。五十一岁那年，他终于成了州长。

一个善意的谎言，成就了这位苦出身的州长，因为这个善意的谎言让小罗尔斯有了正面的自我验证，帮小罗尔斯树立了一定会成为州长、一定会出人头地的信念。其实当小罗尔斯相信了自己一定会成为州长的那一刻，这个信念就开始不断地给他无穷的力量，后来真的使他成了州长。因为，很多事我们要先看到了，才会相信。但在未来世界中，很多的事只有我们相信了，我们才能做到。这是很容易被人们忽略的成功法则！

通过这个故事不难看出，父母能够给孩子最好的教育，就是让孩子形成正面自我验证的习惯，上级能给下属的最好的鼓励也是帮助他们建立正面的自我验证。正面的自我验证能够使人摆脱痛苦的内心世界，活出自己的精彩。

我曾经给一家销售公司做培训，这家公司的客户部有一位优秀的客户服务专员，她几乎能够让所有她接待的投诉客户满意。对此我非常好奇，于是专门对她进行了一次采访。我问她："你为什么能把客户服务做得这么好呢？有什么技巧与秘诀吗？"她回答道："其实，也没有什么技巧，我想，做好客户服务，第一，要学会不生气，不管客户如何发脾气，我也不认为他是在针对我。因为客户与客户服务专员之间不存在任何矛盾，客户的一切问题都是因为他与公司其他部门或者成员之间有误会。第二，永远不要想万一服务不好怎么办。因为，越是这样想，自己就越容易紧张，就越容易语无伦次，反而让客户不信任我们，不满意我们的服务。第三，为客户服务时，要设身处地地为客户着想，以让他们满意为准则。只有这样做，才能找出更多更好的服务方法！当然，最重要的是要弄明白客户与公司间的误会到底是什么，只要多一点沟通，多一点让步，多一点诚恳，问题是一定会圆满解决的，客户也一定会满意。”

这位优秀客户服务专员的工作做得这样好，原因何在？主要的原因是她做出了正面的自我验证，不否定自己，不被客户的情绪影响，能始终保持真诚平和的心态。这使我想到著名篮球运动员迈克尔·乔丹说过的一句话：“我从来不去预料结果，因为每当你考虑结果，你总会想到一个糟糕的结局。无论我陷入何种处境，我都会想，自己一定能成功——从不去想如果失败了会怎样。”

二、 挣脱自我设限

很多人在遇到有难度的工作时，往往都会不自信，首先想到的是自己做不好这份工作。有一次我给某集团中层进行培训时出现了这样的情况：无论这家公司的财务经理怎么动员。都没有人主动上台来演讲，于是我只好进行单一辅导。第一个接受辅导的是一位干练的女部门经理。

我问：“对于演讲你有自信吗?”

她说：“一点自信都没有，因为我是一个不善言辞的人，只要一上台演讲，肯定会受到别人的嘲笑。”

我问：“你确定自己讲不好吗?”

她说：“我确定自己讲不好。”

我说：“你已经非常自信地告诉我你对于演讲不自信了！你可不可以把这种自信转换一下呢？由坚信自己讲不好转换为坚信自己可以讲

好呢？如果我把你的眼睛蒙起来，只给我一个人演讲你会紧张吗？”

她说：“应该不会。”

于是，我们约定在下午的课堂上，让她蒙着眼睛在培训室里给我一个人演讲。结果，她的演讲很顺利。当她的演讲结束时，教室里响起了热烈的掌声，因为我暗中安排了其他学员悄悄地走进教室。她很惊诧，激动得热泪盈眶，她自己没有想到，一直坚定地认为自己肯定演讲不好的她却演讲得如此成功。

在之后的课程与工作中，她都积极地上台演讲，不仅战胜了自己的自我设限，还成为该集团的首批内部培训师。

囚字新解

1796 年的一天，在德国格丁根大学，一位极有数学天分的 19 岁青年学生在做导师单独布置给他的数学作业。这位青年很顺利地完成了前两道题，最后一道题写在一张纸条上，要求是：只用圆规和一把没有刻度的直尺做出正17边形。这道题目看起来简单，但真的做起来太难了。这位学生没有迟疑，没有放弃，绞尽脑汁，用了一个晚上终于做出了答案，完成了这道题。

当这位学生把作业交给导师时，导师震惊了！用颤抖的声音对青年说：“这真是你自己做出来的？你知不知道，你解开了一道两千多年来一直未能解开的数学难题！阿基米得没有解出来，牛顿也没有解出来，你竟然一个晚上就解出来了！你真是天才！我最近正在研究这道难题，昨天给你布置作业时，不小心把写着这个题目的小纸条夹到了给你的题目里。”

多年以后，这个青年回忆起这一幕时说：“如果有人告诉我，这是一道有两千多年历史的数学难题，我不可能在一个晚上解决它。”

这个青年就是数学王子高斯。

高斯之所以一晚上就能够把这道有两千多年历史的难题解开，他的数学天赋当然是一方面的原因，而另一个重要的原因就是他没有给自己设限，没有思想包袱，把精力集中到了解题上面。

试想一下，如果高斯知道这是一道两千多年都没有解开的难题，那么，他会如何来解呢？我想他一半精力会被压力与自我设限所消耗，另一半精力用在解题上面，这就是自我设限与充满自信的差别。自我设限不仅仅会影响人们能力的发挥，有时还会影响人们的判断力。

正如汉字中的“囚”字，如果把这个字拆开的话：一部分是人；另一部分是囗。意思就是把人关到囗里，即是囚了。多么深刻而形象的比喻啊！用一个囗把人关起来，以限制这个人的自由，囗在现实生活中有两种表现形式：一种是限制人们行为的有形的牢笼；另一种就是存在于人们头脑当中的限制自己的自我设限思维。无形的牢笼比有形的牢笼更可怕，因为它使人们故步自封，失去了前进的勇气和力量。

人力资源领域流行着这样一道面试题目：谁是最优秀的国家领导人？

候选人A：跟一些不诚实的政客有往来，而且会占星术。他有婚外情，是一个老烟枪，每天喝8到10杯马丁尼。

候选人B：他过去有过两次被解雇的记录，睡觉睡到中午才起床，大学时吸鸦片，而且每天傍晚会喝很多威士忌。

候选人C：他是一位战斗英雄，素食主义者，不抽烟，只偶尔喝一点啤酒。从没有发生过婚外情。

大多数人都会毫不犹豫地选择C，因为A和B都不符合我们理想当中优秀领导的条件。或者说，在我们的印象当中优秀的领导人应该是C那样的。但现实是残酷的，A描述的是二战期间的美国总统富兰克林·罗斯福；B描述的是二战期间英国的首相温斯顿·丘吉尔；而C描述的是阿道夫·希特勒。答案实在出人意料！

现实生活中太多的事情，并不像我们固化思维当中的那样，或者说并不是我们想象的那样，如果我们固化了自己的思维，我们会对很多事情判断失误，做错很多事情，失去很多机会。

如果一个人连自己都不相信，那么，会有谁相信他呢？如果一个人自己都认为自己做不成某事，那么这件事对他来说一定是极难做成的。

真正的自信并不是在事业有成、意气风发的时候表现出来的，而是在人生最不如意、备受打击与挫折的时候表现出来的。在这种艰难困苦的情形下，仍能坚定地认为自己在未来一定会成功的人，仍能够在心中坚持着最初的梦想与目标的人，就一定能做出一番辉煌的事业！

抢在暴风雨前面

中央电视台有一句广告语叫心有多大，舞台就有多大。所谓的心就是上面说的“囚”字的口，我们只有把这个口修宽、修大，才能获得事业的成功，人生的幸福。

现实生活中，人们的行为常常与自己所追求的目标是相悖的，因为人们常常会对自己进行负面暗示，也就是自我设限，这样就束缚了个人能力的发挥，与事业成功和生活幸福的目标背道而驰，解决这些问题最好的办法就是颠覆自我设限。

每年，澳大利亚都会举行一场悉尼至墨尔本的耐力长跑，全程875公里。这场比赛被认为是世界上赛程最长、最严酷的超级马拉松。参赛运动员要在非常残酷的环境中进行比赛，要经历数天的艰苦奋斗，才能到达终点。

因为这项比赛艰难，体力消耗大，比赛中允许运动员每天跑18小时，休息6小时，如果一个人24小时不停地奔跑数天的话，会严重损坏运动员的身体，甚至危及生命。

1983年，在这项比赛的起点，有一个叫做克里夫·杨的61岁老头走来走去，人们刚开始都以为他是来看比赛，或者来找人的，当他走进比赛组委会，领取参赛号码时，人们才意识到——原来他是参加比赛的！这个老头的形象及装备实在有些滑稽，让人忍俊不禁，只见他穿着一条肥大的工装裤，脚踏一双跑鞋，与众不同的是他竟然在跑鞋的外边又套了一双胶靴，看起来他有些像马戏团的小丑，并不像运动员。

人们都认为克里夫·杨参赛是为了出风头，没有人真的把他当成运动员，但媒体对他却十分好奇，记者们在比赛开始前采访了克里夫·杨。

“你叫什么名字？是做什么的？”

“我是克里夫·杨，来自一个很大的农场，在墨尔本郊外放羊。”

“你真的要参加比赛吗？”

“是的。”克里夫点点头。

“有人赞助你吗？”

“没有。”

“那你可能无法完成比赛。”

“不，我可以，”克里夫·杨说，“你知道吗，我出生在一个农场，家里买不起马匹和四轮车。每次暴风雨快来的时候，我都得跑出去聚拢羊群。我们有2000头羊，2000英亩地。有时候我得追着羊群跑两三天。虽然费力气，但我总能追上它们。我相信我有能力参加这场比赛。五天只不过比我平时赶羊的时间多出两天而已，我有时候要追着羊群跑三天。”

马拉松赛开始了，穿着“奇装异服”的克里夫·杨一开始就被其他选手远远地甩在了后边，克里夫·杨并不着急，依然迈着散碎的小步，一步一步地向前跑。人们都在为这个老人担心，担心他会不会在这场艰苦卓绝的比赛中发生意外。其间，有人建议克里夫·杨退出比赛，但被他拒绝了。总之，在这个时候没有一个人相信克里夫·杨会战胜其他的任何一名选手。

在比赛过程中，所有专业选手都很清楚比赛的规则：参赛运动员每天可以跑18小时，休息6小时。可是，克里夫·杨竟然对此一无所知，始终坚持着跑。

当第二天有关赛况的新闻一播放，所有人都惊呆了，因为克里夫·杨不仅没有退出比赛，而且，他依然在路上用他的小碎步跑着。克里夫·杨从比赛第一天起就没有停过脚步，尽管还被远远地甩在世界级选手后面，但他还是不停地跑着，向公路两旁观看比赛的观众挥手致意。当他到达一个名为奥尔伯里的小镇时，有人问他在剩余的比赛中有什么打算，他表示要坚持跑完比赛。

每天晚上，克里夫·杨与领先的第一团队拉近一点距离，到最后一晚，他超过了所有选手，当他跑到距离目的地不远的地方时，他已经没有了任何对手，他成功了！成功地以他61岁的高龄跑完了悉尼至墨尔本的整个赛程，捧走了冠军奖杯，并且以提前9小时的成绩打破了这项比赛的记录，成了国家英雄！举国上下的人们立刻爱上了这个61岁的牧羊人，因为他以5天15时4分的成绩跑完了这场长达875公里的比赛，成功地击败了世界上最优秀的长跑运动员。有趣的是，他并不知道比赛过程中是允许睡觉的。

克里夫·杨的成功源于他没有为自己设置任何的条条框框，没有任何的限制，他可以自由地发挥，所以他成功了。就如他自己赛后说过的那句话一样：比赛中我自始至终想象着自己是在追逐羊群，与一场即将来袭的暴风雨争抢时间。

为什么许多能力强，素质高，知识丰富，口才好的人最终却没有成功呢？因为他们常常想得多，做得少。成功不是想出来的，也不是等出来的，只有像克里夫·杨那样，不给自己设置任何的限制。只要有百分之一的希望，就要付出百分百的努力，这样的人才能获得事业的成功。

三、 不等不靠不托付

托付思想在我们的日常生活中普遍存在，

许多人把自己的幸福和快乐寄希望在别人身上。这是极不明智，也是极为危险的。

天助自助者

正常的宗教信仰是应该被尊重的，但是迷信是应该遭到反对的。迷信是一种托付思想的表现，它会使人失去判断力，自己不去奋斗，只等上天带来的福音。

有一位神父，非常虔诚，他遇到任何难题都会重复一句话：上帝会来拯救我们的！有一次他们家乡发洪水，其他人都逃难去了，只有这位神父还呆在教堂里不肯离开，他相信上帝会来拯救他。洪水越来越大，把神父逼到了教堂楼上，这时有一个人抱着一块木头从这里漂过，那人大声对神父说："神父，和我一起抱着木头漂走吧，洪水会越来越大的！"神父对他说："上帝会来拯救我们的，你也在这里跟我一块等上帝吧！"那人很生气地离开了。又过了一会儿，来了一个划着小船的人，这个人看到神父以后大声叫道：“神父，快上来吧，洪水越来越大了，一会儿会把你淹死的！”神父说：“上帝会来拯救我们的，你也在这里同我等上帝吧！”那人也很生气地离开了。后来洪水越来越猛，最终把神父逼到了教堂顶部的十字架上，这时一架直升机飞来，救援人员让神父上直升机。神父依然说：“上帝会来拯救我们的……”直升机也离开了。

洪水最终把神父吞没了，他死后终于见到了上帝。神父非常生气地质问上帝：“我毕生如此地相信您，并为您工作，为什么我遇到困难时您不管我？”上帝比神父更生气，上前打了他一记耳光，说道：“谁说我不管你了?！我派天使漂着木头去救你，你不上去，于是，我又派门徒彼得划着船去救你，你还说要等我去拯救你。于是，我又带着人，开着直升机去救你，你还是不肯上飞机，所以我们只好回来等你了。”

西方有一句谚语：上帝只帮助那些愿意自

助的人！这个故事告诉我们，如果上帝存在的话，那么他就只存在于我们内心当中的那一份自强不息的信念中，是一种自力更生的精神。如果你把自己的命运托付给别人，注定你此生得不到任何人的帮助。而如果你相信只有自己才能帮自己，凡事都通过自己的努力来完成，那么哪里还需要上帝的帮助呢？

我们再来看一个小故事：

1947年，美孚石油公司董事长贝里奇到开普敦视察工作。在卫生间里，他看到一位黑人小伙跪在地上擦水渍，并且每擦一下，就虔诚地磕一个头。贝里奇感到很奇怪，问他为何如此。小伙子答道："我在感谢一位圣人。是他帮我找到这份工作，让我终于有了饭吃。"贝里奇说："我曾遇到一位圣人，是他使我成了董事长，你愿见他一下吗？"黑人说："我很想报答有恩于我的人，如果我有多余的钱和时间，我愿意去拜访他。"贝里奇说："南非有一座很有名的山，叫大温特胡克山。山上住着一位圣人，能为人指点迷津，谁遇到他都会前程似锦。20 年前，我去南非时登上那座山，正巧遇到他，并得到他的指点。假如你愿意去拜访，我可以为你出资，并向你的经理说明，准你一个月的假。”

黑人小伙谢过贝里奇后上路了。一个月后，他历尽艰辛，终于登上了大温特胡克山，他在山顶上徘徊了一天，没有遇到任何人。他失望地回来了，见到贝里奇后说：“董事长先生，一路上我处处留意，直到山顶，我发现根本没有什么圣人！”贝里奇说：“你说得很对，除你自己之外，根本没有什么圣人！”

20 年后，这位黑人小伙做了美孚公司开普敦分公司的总经理，他的名字叫贾姆讷。在一次记者招待会上，对于自己的传奇人生，他说了这么一句话：“你发现自己的那一天，就是你遇到圣人的时候。”

自己努力奋斗，不依赖他人，绝不要把自己的幸福寄托在别人的身上，只有自己努力后得到的幸福才是最真实、最可靠的，也只有通过自己的努力得到的幸福生活才是最长久的。世界上唯一靠得住的肩膀就是自己的肩膀，所以还是靠自己吧！把视线从诱惑上移开，坚定地努力下去，去寻找真正的成功与快乐！

舒适的肩膀靠不住

有些人总是希望找到舒适的肩膀，一辈子靠下去，这种思想是极其可悲的，是对自己不负责任的，是弱者的选择！这种思想的实质就是不劳而获，把自己的幸福寄托在他人身上，自己不想付出，却期望得到超值的回报。

一个年轻漂亮的美国女孩，在美国一家大型网站上发表了这样一个问题帖：我怎样才能嫁给有钱人？

我下面说的都是心里话。本人25岁，非常漂亮，是那种让人惊艳的漂亮，谈吐文雅，有品位，希望能够嫁给年薪50万美元以上的单身男子。

你也许会说我贪心，但在纽约年薪100

万才算是中产，我的要求其实不高。这个网站上难道没有年薪超过 50 万的人？你们都结婚了吗？我想请教各位一个问题——怎样才能嫁给你们这样的有钱人？我约会过的人中，最有钱的年薪 25 万。要住进纽约中心公园以西的高尚住宅区，年薪 25 万远远不够。

我诚心诚意地请教以下几个问题：

一、有钱的单身汉一般都在哪里消磨时光？（请列出酒吧、饭店、健身房的名字和详细地址）

二、我应该把目标锁定在哪个年龄段？

三、为什么有些富豪的妻子看起来相貌平平？我见过有些女孩，长相如同白开水，毫无吸引人的地方，但她们却能嫁入豪门。而单身酒吧里，那些迷死人的美女却运气不佳。

四、你们怎么决定谁能做妻子，谁只能做女朋友？（我现在的目标是结婚）

一个华尔街金融家对此的回帖：

亲爱的波尔斯：我怀着极大的兴趣看完了贵帖，相信不少女士都有跟你类似的疑问。让我以一个投资专家的身份，对你的处境做一下分析。

我年薪超过50万，符合你的择偶标准，所以，请相信我并不是在浪费你的时间。

从生意人的角度来看，跟你结婚是个糟糕的经营决策，道理再明白不过，请听我解释。抛开细枝末节，你所说的其实是一笔简单的“财”“貌”交易：甲方提供迷人的外表，乙方出钱，公平交易。但是，这里有个致命的问题，你的美貌会消逝，但我的钱却不会无缘无故地减少。事实上，我的收入很可能会逐年递增，而你不可能一年比一年漂亮。因此，从经济学的角度讲，我是增值资产，你是贬值资产，不但贬值，而且是加速贬值！

你现在二十五岁，在未来的五年里，虽然每年都有所退步，但你仍可以保持窈窕的身段、俏丽的容貌，但美貌消逝的速度会越来越快。如果它是你仅有的资产，十年以后，你的价值堪忧。

用华尔街术语说，每笔交易都有一个仓位，跟你交往属于“交易仓位”（trading position），一旦价值下跌就要立即抛售，而不宜长期持有——这就是你想要的婚姻。听起来很残忍，但对一件会加速贬值的商品，明智的选择是租赁，而不是购买。

年薪超过50万的人，当然都不是傻瓜，因此，我们只会跟你交往，但不会跟你结婚。所以我劝你不要苦苦寻找嫁给有钱人的秘方。顺便说一句，你倒可以想办法把自己变成年薪50万的人，这要比碰到一个有钱傻瓜的几率大得多。

希望我的回帖能对你有帮助。如果你对“租赁”感兴趣，请跟我联系。——罗波·坎贝尔（J. P. 摩根银行多种产业投资顾问）

多么有趣的帖子！人世间的一切都是需要

换取的，不劳而获的人永远得不到内心的安宁与稳定的生活。只有脚踏实地、奋力攀登，才能看到别人看不到的风景，得到别人得不到的幸福。

一般来说，一个人努力10年，大都能过上富足的生活，也就是说他能够用10年的时间换取下半生的幸福。如果一个人寄生虫般地享受了10年，那么有可能他将会用下半生的幸福来偿还这10年的不劳而获。因为在这10年里，他已经失去了工作的能力和学习的机会，失去了在社会上的适应能力。

四、 克服行射心理

挪威心理学家诺德斯克（1895－1996）曾经在军队服役，因为在一次军事演习中受了伤，他的左腿比右腿短2.7厘米。

那年诺德斯克只有21岁，深夜的紧急集合使他因为匆忙而没有系紧左脚鞋子的鞋带。他还没来得及重新系紧，军事演习就开始了。在负伤前的一个多小时里，诺德斯克一直在想左脚那根鞋带是不是松开了，以致可能在冲锋时绊倒自己，所以他无法高度集中注意力，结果不慎大腿中了一枪。其实，直到演习结束，他的那根鞋带还好好地系着，没有松开。

根据自己的这段经历，诺德斯克提出心理学上颇负盛名的“心理衍射论”。作为该理论基础的“细小事件衍射心理”，一直是古典心理学的重要组成部分。我们将这简称为“衍射心理”或者“延伸心理”。

无孔不入的“衍射”

在生活中，“衍射心理”普遍存在。例如，你刚买了一辆新的电动车放在自己楼下，因为担心电动车丢失，每隔一会儿就会去看一下。或某人接到通知，下午五点钟以后开会，他总是害怕错过时间，每隔一会儿就会看一下手表……诸如此类的行为都属于“衍射心理”的表现，只是程度深浅不同而已。

“衍射心理”之所以著名，主要因为它的提出改变了以往“强迫症不是渐进产生”的说法。目前，针对“衍射心理”还没有切实有效的疗法，更多地需要依靠个体自主地、及时地转移注意力。

摆脱“衍射”的三大方法

衍射心理容易让人对事物产生忧虑，其中，我们所忧虑的事及所占比例大致如下：

40% 没有发生过

30% 是以前发生过的事

12% 自己的健康

10% 琐碎的小事

8% 有必要担心，有可能发生，其中一半以上的事情自己控制不了

从以上的数据可以看出，我们所忧虑的事情其实一半是没有发生的，一半是即使发生了也是我们改变不了的，所以我们忧虑的价值是负的，牺牲了自己的好心情，对于事情的解决

或向好的方面发展没有任何帮助，多数是杞人忧天。

以下是改变衍射心理的三大工具：

• 细致观察法

具体做法是，一旦脑子里反复思考某件事情时，要及时放松，重复数次深呼吸，然后观察身边所能看到的事物细节，并且看得越详细越好，例如：衣服的褶皱、手机按键的颜色与边缘等，总之观察得越细致，心态调整得就越快。

• 习惯覆盖法

所谓习惯，心理学的定义是：带给个体心理压力较小的行为。因此，我们可以用习惯来暂时地覆盖“衍射心理”的引导。例如，你如果喜欢吃瓜子、抖腿或按圆珠笔的开关等，你就可以通过做这些事情来避开“衍射心理”。

• 营造良好环境

尽量多地与乐观的人做朋友。与乐观的人多聊天，通过这些人的积极力量来影响自己，多读一些喜剧或者励志图书。

记得一次去某家物业公司培训，有个学员找我说：“李老师，您讲得太好了，我今天收获特别大，我相信 10086（中国移动通信公司客户服务热线）的所有员工都会感谢您的。”我不解地问：“你有收获我理解，可是为什么连 10086 都要感谢我呢?”她说：“李老师，您不知道，我们工作压力太大了，所以，我每天应对客户投诉时都会高度紧张，有时压力实在太大了，我们就会给 10086 打电话，找碴儿发泄一下，把自己心中的怨气和这种紧张的压力都转嫁给他们，之后，心情就会好些。虽然这样，有时还是会把这种紧张带到生活中，我每天都要把门锁好几次，有时到了单位还会不断地想家里的燃气灶有没有关掉……”我给她的忠告是：“可能你不太适合做高压力、高责任的工作，建议你换一份轻松的工作，因为人永远不要违背自己的性格做事。”一年后，听说她在新的工作岗位上发展得很好。

五、避开“苏必克怪圈”

在一次慈善晚宴上，组织者张先生拿出一枚市场价格为1000元的钻石，向所有的来宾宣布：“我要将这枚钻石卖给出价最高的朋友，大家互相竞价，到没有人再加价为止。出价最高的人只要付出自己喊出的价码即可获得这枚钻石，但出价第二高的人，虽然不能获得钻石，仍需按照他所开出的价码付钱给我。”

这个别开生面的“以钱买钻”的拍卖会，立刻吸引了大家的注意力。开始时，“100元”、“150元”、“200元”的竞价声此起彼伏，当价码抬高到“500元”时，节奏明显慢了下来，现场只剩下三四个人在竞价。最后只剩下王先生和林先生两人相持不下。

当王先生喊出“950元”时，林先生似乎不假思索地脱口而出：“1050元！”这时会场里起了一阵小小的骚动。张先生转而得意地看着王先生，等待他加价或者退出，王先生咬一咬牙说：“2050元！”人群里起了更大的骚动，林先生摆一摆手，喝了一口鸡尾酒，表示退出这个“疯狂的拍卖会”，大家才松了一口气。

结果，王先生付出“2050元”，买到那枚价值1000元的钻石，而林先生则平白无故地付出了1050元。两人各自损失的“1050元”都收入了张先生的腰包。

从千万富翁到千万“负”翁

社会心理学家泰格曾经对类似的拍卖进行过细致的分析，结果，他认为掉入“陷阱”的人通常有两种动机，一是经济上的，二是人际关系上的。

经济动机包括：希望用低于钻石价值的价格拍下钻石，而在竞价超过钻石价值的时候，则要赢回自己的损失，避免更多的损失；人际动机包括：渴望挽回面子，不至于在众人面前出丑。

钻石就是一个极明显的诱饵，开始时，大家都想以廉价而容易的方式得到它，希望自己所出的价码是最后的价码，大家都这么想，就不断地互相竞价。随着拍卖的推进，也就是出价相当高时，相持不下的两人都发现自己掉进了一个陷阱中，早已不能全身而退，他们都已投入了太多，只有不断增加投资以期挣脱困境。

当出价等于“收益”时，竞拍者会感觉到不安，虽然此时已经后悔，但已身不由己了。

当出价高过“收益”时，不管自己再怎么努力都是“损失者”，不过，为了挽回面子和降低损失，又一再抬高价码，好让“对手损失得更惨重”。

人生到处有陷阱，在日常生活里，大至商业竞争，小至等公交车，都有“陷阱”在等待着你，希望你不是出价最高的最后那一个，也不是那个倒霉的“倒数第二人”。

我有一位朋友，他非常富有，不仅有多处房产，而且还拥有几家公司，过着富足的生活，家庭也非常美满。有一次出国，他迷上了赌博，之后便经常去国外赌钱。起初只输了一点钱，完全在他的经济承受范围之内，但他总是想着一定要把输掉的钱赢回来。所以，他唯一的出路就是不断地增大赌注。结果他输的钱越来越多，最后变卖了公司和他收集的古董、甚至变卖房产。可是他还是不甘心，一心想着翻本，于是他又借了上百万去赌，结果可想而知——他又输得血本无归。

这个人从千万富翁到千万“负”翁的过程当中，进入了心理误区，这就是所谓的“苏必克现象”。

很多人在人生中，在诱惑面前都丧失了理性的思考，总是想求得更大的利益。所以，当自己的投入不能够得到相应的回报时，就会怀着“翻本”的心理“赌”下去，最后变得一无所有，甚至靠借贷度日。

现实生活中，我们常常会面对这样或者那样的诱惑，不过无论何时何地，我们心中都要有一个原则，那就是不要相信会有“天上掉馅饼”的好事，幸福不能靠侥幸与偶然。因为，这两样东西即使有，也是最靠不住的。只有我们脚踏实地去奋斗，我们得到的幸福才是最牢靠、最真实的。远离一切投机行为，是一个人成熟的标志之一。

理性驾驭自我

当我们去追求幸福时，如何更加理性地驾驭自我，不被苏必克现象所左右呢？下面以最常见的“炒股”为例，说明自我驾驭的五步法：

• 确立你投入的极限及预先的约定

在入市之前要理性分析，在某一段时间内可以投入多少资金。当然，投入的这些钱，都是应对风险能力强的资金。也就是说，这些钱即使血本无归也不会影响自己的正常生活。还要为自己确定原则，确定在一段时间内上涨到某个价位就抛出，在一段时间内下跌到某个价位就抛出。

• 原则一经确立，就要坚持到底

不论股市出现如何的牛市或者熊市，都不要再投入资金；不管行情如何，只要达到自己预设的上涨抛位或者下跌抛位，就要坚决执行。

• 自己打定主意，不必看别人

在炒股的过程中，自己要打定主意，不要跟风操作。因为，炒股总是大部分人亏钱的。这就像等公交车一样，如果只是一个人在等，可能等了二十分钟没有等到，就会打车走了。如果旁边还有别人在等，那么这个人等上半个小时都不会打车，因为，反正还有人在等呢。其实这样会错过许多机会。

• 检视自己能否继续投入

如果亏了，要检视自己是否继续投入，还有富余资金吗？如果没有，还想继续投入的话，这时的风险就很大，你愿意把个人及家庭的幸福全部压在股市上吗？

• 保持警觉

很多人炒股亏钱，很大程度上是因为贪心使他们变得麻木，变得不再警觉。本来已经涨到了预设的抛位，但就是想再多赚点，再多赚点，直到错过了抛售的机会，股票下跌又做不到忍痛割肉，直到被死死套牢。无数事实证明，不论遇到什么样的诱惑，最好是按自己预定的计划办，以防止陷入苏必克现象。

河北省邯郸市农业银行员工任晓峰，伙同他人盗窃金库资金5100余万元，后畏罪潜逃，不久被抓获，最终被判处死刑。出事之前，任晓峰不论在同事、领导还是家人的眼里都是个好人。

为什么任晓峰会犯下滔天大罪呢？这不得不从他一次又一次地买彩票说起。下面，是一位记者采访他时的谈话内容：

记者：5100万元是怎么盗出来的？

任晓峰：不是一次盗这么多的，我们用了一个多月时间，才把这些钱弄出来的。

记者：怎么想到要盗窃金库的？

任晓峰：我和同事马向景都喜欢买彩票，想弄点钱买彩票，等中了大奖，我们再把钱还回去，当时没想把金库的钱盗走。

记者：你们第一次盗了多少钱买彩票？是谁先提出来从金库里盗窃钱的？

任晓峰：是我提的建议，马向景听了后表示同意，我们就干了起来。第一次盗窃了5万块钱，全部买了彩票。

记者：你们总共用了多少钱买彩票，中过几次奖？

任晓峰：一个多月下来，我们先后共盗窃了4300万，全部用来买彩票，但几乎没有中过奖。

记者：你最多的一次花了多少钱买彩票？

任晓峰：最多的一次用了1410万，那次是想翻本的，可还是没有中奖，我们就知道自己完了，再不逃跑就来不及了。于是，决定逃亡，永不回来。

记者：一个多月里，你们盗窃了这么多钱，银行怎么没有发现？

任晓峰：金库就我们两个人有钥匙，别人不可能天天来查看金库的钱有多少，所以，我们盗窃金库是很简单的事情。

记者：你们怎么想到要逃跑的，怎么能记住已经偷了多少钱？

任晓峰：我们每天都记账的，知道金库里已经被我们盗窃了4300万元了，而这些钱全部买了彩票，我们再不逃跑，万一被发现就来不及了。所以，我们在（2007年）4月14日决定再盗窃点钱之后离开邯郸，永远不回来。所以，那天我们又盗窃了800万元，用几个大包装着。

我想，任晓峰在他刚刚开始盗用银行资金买彩票的时候，不会想到会有这样的结果，当时，他想的一定是如果中了五百万甚至上千万就如何如何。可是当真实而悲惨的结果再次出现的时候，他已经陷入了苏必克怪圈中。越想挣脱出来，就被缚得越紧，这就是苏必克现象的残酷之处。

有人说，人世间的一切都是变化的，唯一不变的就是不断变化。对于这句话我是不同意的，我认为人世间的一切都是变化的，唯一不变的是我们的原则。如果我们的原则也不断变化，那么我们一定会迷失自己，一定会陷入苏必克怪圈，所以，只有我们坚持原则，我们才能真正左右自己的人生！

第五章　坚持忠诚胜于激情澎湃

有学生问大哲学家苏格拉底，怎样才能像他那样博大精深。苏格拉底听了并未直接作答，只是说："今天我们只学一件最简单的事，每个人把胳膊尽量往前伸，然后再尽量往后甩。"苏格拉底边说边示范了一遍，说："从今天起，每人每天做300下，大家能做到吗？"学生们都笑了，这么简单的事有什么做不到的。过了一个月，苏格拉底问学生们："哪些同学坚持下来了？"有九成同学骄傲地举起了手。一年过后，苏格拉底再一次问大家："请告诉我，最简单的甩手动作还有哪几位同学坚持下来了？"这时整个教室里只有一个人举了手，这个学生就是柏拉图。

柏拉图当然不是因为每天坚持做甩手动作而成功的，而是因为他有这种持之以恒的精神，只有学会坚持的人才能抓住机会，把握机会，利用机会。不能够坚持的人得到再多的机会，也只会浅尝辄止，半途而废，不会获得最终的成功。

一、握在手中的才是最好

大学毕业生总是喜欢在一起探讨什么样的单位好，并且会把民企、国企、外企、合资企业和政府机关做比较。其实，他们忽略了一个更重要的问题，那就是自己是个什么样的员工。

再大的公司也有不成功的员工，再小的公司也有出色的员工。我们的成功不在于我们在什么样的企业工作，而在于我们是否能够正视自己和自己所在的企业，是否珍惜自己已经拥有的机会。

很多想要辞职的人问我是否应该辞职时，我都会问他们一个问题：你在现在的企业觉得自己的工作如何？如果你在现在的企业做不好工作，那么换家企业能做好工作的概率也不大。一般来说，一个人想要在某一领域有所成就，至少要在同一个岗位上工作十年。所以，把选择工作的精力放到当下做好已有的工作上，这样才是明智的做法。

你比别人缺少机会吗

美国硅谷有一位华人博士后，他在找工作的时候遇到了困难，找了两个月，竟然没有结果。因为按惯例，博士后求职者的职位与薪资要求都不低，所以企业不太需要这种一进入公司就到高层工作的员工。

实在没有办法了，这位博士后只拿出一个大学毕业证去找工作，后来，终于有一家公司愿意请他，并且说只能提供一个开发工程师助理的岗位。当这家公司询问他是否愿意从事这份工作时，这位博士后认真地说："我愿意。"

于是，他就开始做这份与他的能力根本不匹配的工作。工作了一段时间后，那个开发工程师发现他的这位助理是一个非常神奇的人，因为这个助理能够轻而易举地指出他在编写程序时的错误。后来，这位工程师每次遇到工作中的难题时，都会非常虚心地向他请教。当老板知道这件事后，就把这位博士后提升为软件工程师，这时，他拿出了硕士学历，老板非常高兴，认为他能够脚踏实地工作很是难得。

这位博士后又做了一个阶段的软件工程师后被提拔为技术总监，因为其他软件工程师开发软件都要先编写完再测试，而他却能一边开发一边测试，软件开发完成后，测试工作也基本完成了，这样可以少走很多弯路。老板为了能够让其他的软件工程师也掌握这种技能，就把他提升为技术总监。这时，他又拿出博士学历来给老板看，老板于是更加欣赏他。

这位博士后在当初这家公司工作几年后，因为工作成绩突出，能力超群，被任命为公司总经理，这时他才对老板说他其实是位博士后。

这位博士后在当初找工作的时候确实没有机会，但他却通过自己脚踏实地的努力创造了机会，并成功地把握住了一个又一个机会，最终成为这家公司的总经理。他的成功让人非常佩服，他用实力证明自己，而不是用一纸文凭或口舌来证明自己，这是我们应该学习的。在现实生活中，太多的人都是用文凭或口舌来证明自己的能力，结果，到头来不仅自己没成功，反而会给人留下华而不实的印象。

请记住：你若是块金子，放到什么地方都会发光！

毅力无所不能

在麦当劳公司总部的办公室里，悬挂着雷·克罗克的座右铭：

世上任何东西都不能代替毅力。

“才华”不能：才华横溢却一事无成的人并不少见。

“天才”不能：是天才却得不到赏识者屡见不鲜。

“教育”不能：受过教育而没有饭碗的人并不难找。

只有毅力加上决心才是万能的。

雷·克罗克拥有全球最大的快餐连锁店——麦当劳，他一生始终坚持的哲学是：一个人应该充分利用每一个机会，每一个人都要自己创造幸福，自己解决难题。

20世纪80年代初，麦当劳已在世界33个国家和地区建立了6000多家分店，仅1985年一年，就发展了597家海外分店。平均15个小时就开一家新店的速度，使它的竞争对手望尘莫及。麦当劳在人们心目中成了神话。这个以经营汉堡包为主的快餐企业，到20世纪末，在全世界96个国家和地区建立了18000多家分店，每天约销售2.5亿个汉堡包，年营业额达170亿美元。

麦当劳的创始人是麦克唐纳兄弟，而真正创建麦当劳快餐王国的却是雷·克罗克。克罗克是如何成为亿万富翁，又是怎样使麦当劳公司成为全球快餐霸主的呢？

1937年，麦克唐纳兄弟，通过对过去

三年的餐厅收入的研究发现，80%的收入来自汉堡包。于是，他们开始对经营方式进行重大改革，主要销售这种每个售价为15美分的汉堡包，并采用自助式用餐，一律使用纸餐具，提供快速服务——这种令人耳目一新的汉堡包小餐厅经营方式大获成功！

1954年的一天，克罗克作为经销混乳机的老板，发现麦克唐纳兄弟在圣伯丁诺市开的一家餐馆竟同时使用着8台自己公司经销的混乳机。这么大的使用量让克罗克震惊，他为了弄清楚这里面的缘由，特地赶到了圣伯丁诺进行考察。这家麦当劳餐厅与当时无数的汉堡包店相比，在外观上似乎没有太大的区别。但是，在店里，克罗克却受到了强烈的震撼。其时正是中午，小小的停车场里挤满了人，足有150人之多，在麦当劳餐厅前排起了长队。麦当劳的服务员快速作业，竟然可以在15秒之内交出客人所点的食品——这种经营方式，克罗克从未见过。

克罗克当即决定加盟麦当劳连锁店。第二天，他就与麦克唐纳兄弟进行洽谈，麦氏兄弟很快就答应给他在全国各地开连锁分店的经营权，但开出的条件却颇为苛刻，规定克罗克只能抽取连锁店营业额的1.9%作为服务费，其中1.4%属于克罗克，0.5%则归麦氏兄弟，雄心勃勃的克罗克毫不犹豫地接受了这个条件。

1955年3月，克罗克的麦当劳连锁公司正式成立。公司所属的第一家麦当劳餐馆，同年4月在得西普鲁斯城开张。9月，在加州的弗列斯诺市，第二家餐馆也开业了。三个月之后，第三家餐馆在加州雷萨得市成立。推销员出身的克罗克，以他的推销经验使开设分店的速度越来越快。

到1960年，克罗克已经拥有228家麦当劳餐馆，其营业额达3780万美元，麦克唐纳兄弟拿去0.5%——即18.9万美元的利金，随着规模的扩大，麦克唐纳兄弟抽去的利金将更多。而且，根据当年合约的规定，克罗克不得对麦克唐纳兄弟设立的快速服务系统做任何修改，但事实上克罗克在经营中至少做了几百次细小的改良。麦氏兄弟苛刻的规定严重阻碍了麦当劳事业进一步发展。

一定要买断麦当劳——克罗克下了这样的决心。1961 年年初，经过谈判，麦克唐纳兄弟答应出让麦当劳的经营权。但却出价惊人：低于 270 万美元不卖——其中，兄弟俩每人 100 万美元，70 万美元交税，而且他们只要现金！克罗克感到怒不可遏，他放下电话强迫自己冷静下来。他们明知他拿不出这么多钱，却把价码定得这么高，用心是很明显的，就是不想让克罗克拥有经营权。克罗克经过再三考虑，最终答应了麦氏兄弟的苛刻条件。克罗克和他的财务长使出浑身解数，借贷到 270 万美元，买下了麦当劳餐馆的名号、商标、版权以及烹饪配方。至此，美国的全部麦当劳快餐店都归于克罗克名下，虽然公司的名号仍叫麦当劳，却与麦氏兄弟不再有任何关系了。

这当中有克罗克敏锐的洞察力与商业头脑在起作用，但最关键的还是一种毅力，如克罗克最喜欢的座右铭：世上任何东西都不能代替毅力。正是因为克罗克的这种毅力，才让他如此完美地把握住了这次大好的机会。对于餐馆的经营能力，麦克唐纳兄弟不一定比克罗克差。因为，这个麦当劳餐馆从概念到实际产生都是麦克唐纳兄弟的创意，而为什么最后麦当劳却不再与他们有关系了呢？一方面是他们没有看到麦当劳更广阔的市场前景，更重要的是麦克唐纳兄弟没有坚持下来，半途而废了。

那些成功的人都是坚持自己的选择，无怨无悔地把自己的毕生精力投入到自己仅有的工作当中去，最终必然会取得极大的成功。

二、 好工作不是换出来的

很多人把工作上的成功、收入的提高、职位的晋升都寄托在重新找工作上。他们认为，只要找到一家好的企业，或者能够寻得一个好的职位，就可以解决这一切问题，而事实真的如此吗？如果你连现在的工作都做不好，那么，即使得到更理想的工作也未必做得好，因为越是所谓好的工作，对员工的态度及能力的要求就越高。在这个问题上是没有任何偶然的，所谓的好工作只是给那些能力强的员工准备的，靠一时的运气是不能够长久的。

先让自己无可挑剔

我有一位相貌英俊的男同学，上学时表现突出，不仅学习成绩好，擅长沟通，而且组织能力强，是同学们公认的能人。毕业数年后的一天，他突然给我打电话，对我说起了他在上海正做着的不如意的工作，希望能够借助我的人脉关系，帮他在北京找一份更好的工作。他说他现在的工作单位虽然规模很大，但没有什么发展机会，因为他的能力根本发挥不出来。领导也不太重视他，几次人事变动都没有提拔他，为此他大为光火，最后决定换一份工作。恰好那时我去上海出差，于是约他见面详谈。

我们在他的办公室见面了。他是几年前来到这家咨询顾问公司做咨询师的，现在他虽然风采依旧，但眼神中却流露出一丝忧郁。接下来，他用了近一个小时的时间，来诉说他这几年如何怀才不遇，如何受到了不公平的待遇，老板如何目光短浅……在这期间，办公室的电话响了数次他都没有接，甚至有客户打电话到他的手机，他都以在开会为借口推脱。听他说了那么多，也看到了他的工作状态，我似乎明白了他怀才不遇的真正原因。当我用心地开导他，希望他能在自身找原因的时候，他却反驳了我，他认为自己没有任何问题，他很有能力，很有水平，形象又非常好，凭他的本事不愁找不到更好的工作。我无言以对，沉默中我们分别了。

一年后，我们通电话，他在找工作……

两年后，我们通电话，他在找工作……

三年后，我们通电话，他还在找工作……

一个无法踏实工作的人永远无法融入工作，一个无法融入工作的人，即使工作十年，他的工作质量和一个新手相比也相差无几，甚至还不如新手。如果是这样的话，怎么会得到领导的重视与提拔呢？

许多怀才不遇的人很可能是自己根本没有把才能施展出来，或者是施展得太少，根本没有被看到；受到了不公平待遇的人很可能是站在自己的立场和角度来比较的，并没有从全局的角度来衡量。理想的工作不是找出来的，而是靠踏实、努力地工作得到的。一个只会抱怨，只会在他人身上找问题的人，永远也不会得到他想要的工作，这是职场的铁律，也是那些抱怨者的警钟！

我们如果把企业的“企”字拆开的话，可以看到，一半是“人”字，一半是“止”字，这就告诉我们，企业是一个止于人的事业。一个企业发展到什么程度，是由其全体员工的能力和智慧决定的。那么人世间有没有完美的人呢？没有！所以说人世间也不会有完美的企业，每家企业都有各自的缺点与不足。我们在选择工作单位时，首先就要有一个正确的观念和态度。如果有同行业的公司来挖你过去工作，他会把那个公司的所有闪光点全部展示出来，把那里说成“天堂”，把缺点全部隐藏起来，等你过去以后才发现是地狱，到那时可就晚了。

经过长期的研究，我发现职场中的成功人士都是能够潜心在某家公司工作数年，甚至数十年的。日本人崇尚终生聘用制，也就是在某家企业一直做下去，直到退休。所以相比较而言，日本的员工对于企业的忠诚度远远超过中国企业的员工，这与日本的经济腾飞不无关系。

所以，我们只有一心一意地做好现在的工作，一步一步地提升自己的能力，当我们有一天可以把现在的工作做到别人无可挑剔的时候，我们才有晋升、加薪，及选择更好工作机会的资格与权利。

“跳槽”的巨大代价

到底是选择重要还是努力重要呢？一位哲学大师说过：哲学的灵魂是用具体的方法解决具体问题。所以说，到底是选择重要还是努力重要，要根据具体事情进行具体分析。比如说选择工作，选择之前是选择重要，要根据自身条件和单位的具体要求认真思考后做出决定；选择之后就是努力更重要了，因为只有努力才能将工作做好。

这有点类似于谈恋爱，哪位女士愿意嫁给一位选择了她以后，还在不断选择其他女士的男人呢？同理，哪个企业愿意选择一个选择了自己后，还在不断选择其他企业的员工呢？所以说忠诚这种美德对于企业同样重要！

很多企业招聘员工时，都会在招聘广告中加一个条件：要求有五年以上工作经验。这个时候，人们就要思考一个问题，五年以上工作经验的员工和两年以上工作经验的员工，在工作能力上有没有明显的差别呢？实际上没有多大差别。那么，企业为什么都愿意找五年以上工作经验的人呢？这是因为，如果一个人在一个行业中坚持了五年，那就说明，这个人是一个善于坚持的人。所以说，一个管理者当然喜欢选用一个能够坚持的人。

不仅中国，全世界都在遵循这种规则，包括国外的总统选举，候选人是否对感情忠诚也会成为一个考核指标。所以，总统大选的时候，夫人也要跟着出来一块参选，以此来证明候选人很爱她，他是很专一的人。如果一个人对感情都不专注，那么他对于国家能够尽忠尽责吗？

当我们为收入而抱怨，为职位低而不平衡时，我们都要思考一下：我们为企业究竟做了哪些贡献？我们是否有要求加薪与升职的权利？如果没有，那么我们如何才能够具备加薪与升职的资格？

如果一个人心怀侥幸，那将是一件非常可怕的事。因为，如果你因为侥幸而得到了幸福，但却没有驾驭这种幸福的能力，那么，就如同你得到了一辆自己根本不知道如何驾驶的汽车一样危险。现实生活中，许多中奖得了 500 万元后的家庭变得不幸福了。或者说，本来生活就不幸，后来中奖后就变得更不幸了！因为拥有了这 500 万，并不代表他拥有驾驭这 500 万的能力。拥有了好工作，并不代表你有驾驭这份好工作的能力。如果你的能力没有提高，即使得到了好的机会、好的工作，也必然会失去。

坚持做一份工作成功的概率，要比找一份新工作成功的概率高很多。这就像销售一样，开发一个新客户的成本是维护一个老顾客成本的五倍。如果你换一个工作，那么你会遇到很多新问题：不熟悉领导的风格，不认识公司的人员，不懂得公司的企业文化，不知道这个企业做事的流程。什么都需要重新开始，需要耗费很大的精力来适应这一切，当你适应了之后会发现，这家公司和你之前的那家公司几乎没有什么区别。

据调查 65% 的跳槽者坦言自己跳槽失败。所以，明确了选择的代价，我们才能够踏实地在一家公司工作，即使想换工作，也不会那么盲目了。

三、不抛弃，不放弃

在你还是一颗沙砾的时候就要把自己的工作做好，抱定永不放弃的决心，不断地提升自己的能力，为以后积聚力量。只有这样，在你变成珍珠的那一天，一切你应该得到的东西才会随之而来。万事切不可操之过急，否则你将一无所有！

去山顶喝咖啡

相信很多人都爬过泰山，泰山山脚下的矿泉水不过两三元钱一瓶，但是到半山腰，差不多十几元一瓶了，而山顶的价格是三十几元一瓶。为什么同样的一瓶水，能卖出相差如此悬殊的价格呢？因为所处的平台不一样。所以，个人的价值需要相应的平台来展示。

一位销售大师就要退休了，他在报纸上刊登了一则消息，说他会于某月某日在市里最大的剧院做一次退休前的最后一次演讲，届时，他会将成功的秘诀与到场的所有人分享。到了那天，剧院里座无虚席。人们都是慕名而来，希望能够当面学到大师的成功秘诀。

离大师登台演讲的时间越来越近了，只见几个体型彪悍的工作人员抬着一个吊着大铁球的铁架子放到了台上，其中一个工作人员还将一把大铁锤放在了铁架的一边。

这时，大师登台了，一束追光对准了他。大师说道："各位亲爱的朋友，你们今天远道而来，我深表感谢，相信你们一定是为了我的成功秘诀而来，请各位不要急，我们先来做一个游戏。哪位勇士愿意尝试一下，用这把大铁锤来敲动这个大铁球?"大师的话音刚落，只见几个体型健硕的大力士跳上台去，按照大师的要求，依次抡起大铁锤撞击大铁球。他们想得太简单了。他们用力地敲击大铁球数下，铁球都纹丝未动，这些大力士悻悻地回到了座位。这时，大师微笑着从自己的衣服口袋里掏出了一把不足二十公分长的小锤子，径直走到大铁球旁边，蹲下来不紧不慢地按照一定的节奏敲击大铁球，就这样大师连续敲击了三十分钟。会场有些性急的人坐不住了，纷纷离场，继而，会场乱成一团。大师丝毫没有受到影响，依然在那里坚定地敲击着大铁球。就这样，又过去了半个小时。终于，有些人愤怒了，站起身来骂大师骗人，还有人把矿泉水瓶丢到台上去。但大师依然如一尊雕塑般蹲在那里敲击大铁球。突然，台前一位女士尖叫了一声："球动了！"果然，球有了一丝晃动，老人依然在那里面无表情地敲击着，大铁球越晃越剧烈，直到连同吊着它的铁架都一起隆隆作响。这时，大师停下击球，将小铁锤收到口袋里，微笑着走到台前说："亲爱的朋友，有谁能够用这把大铁锤来止住这个大铁球的晃动呢？”全场鸦雀无声，再也没有人上台了。

成功原本没有什么秘诀，如果真有秘诀的话，那一定是坚持到底，永不放弃！

20 世纪 70 年代，是世界重量级拳击史上的辉煌年代，在那个年代里，产生了许多重量级拳击英雄。其中，最有代表性的就是拳王阿里。后来，阿里有四年未登拳台，体重超过参赛标准 20 多镑，速度和耐力也大不如前。当时，所有的人都认为阿里不能再参加比赛了，包括阿里的医生都给了他这样的建议。但阿里依然决定参加比赛，因为他坚信他拥有其他人所没有的毅力，毅力可以帮他战胜一切。

1975 年 9 月 30 日，已经 33 岁的阿里与另一位拳坛猛将弗雷泽进行了第三轮比赛，在进行到第 14 回合时，阿里已经精疲力竭，他几乎没有丝毫力气进入第 15 回合了。然而，他没有放弃，依然咬着牙坚持着。他心里清楚，对方和自己一样，力气也已经用完了。比赛进行到这个境地，与其说是比拳击技巧，不如说是在比意志力和耐力，就看谁能比对方多坚持一会儿了。阿里眼神里充满了坚定与自信，令已经疲惫不堪的弗雷泽以为阿里仍存着体力，于是弗雷泽认输。裁判当即高高举起阿里的胳膊，宣布阿里获胜。这时，保住了“拳王”称号的阿里，还未走到台中央便眼前漆黑，双腿无力地跪在了地上。

成功与失败往往只差一点坚持，一个人即使停在距离成功仅一步之遥的地方，也等于放弃了原先的全部付出，不管前面努力了多久，付出的再多，他最终还是失败者。

山顶上的咖啡只是给那些愿意坚持，并且努力比别人坚持更久的人准备的，如果你也想去山顶喝上一杯，那么你就去努力地坚持吧！

让全世界为你让路

爱默生曾经说过：一心向着自己目标前进的人，整个世界都会为他让路！

工作和生活就像我们的手表一样，不在于

走得快，而在于走得准。这样持之以恒，循序渐进，连续不断地走下去，就走出了日、月、年，走成了历史。只有一心一意地向前冲，不给自己留后路，才有希望成功，达到人生的光辉顶点。

有一个员工对我说他觉得在公司不受重视，工作了三年了，也没有升职加薪，于是他就想跳槽，想要以此来报复公司对他的不重视，让公司后悔。我问他："你现在在公司的工作成就是否大到你一辞职公司就会觉得后悔的程度呢?"他说："还没有到这种程度。"我说："与其这样走，你不如干大了、干好了再走。那样，你才能够如愿以偿。"于是他就拼命地加班工作，千方百计把工作做好，后来果然工作非常出色，成绩也很突出，最后他也不想跳槽了，因为当他把工作做好了以后，公司给他加了薪、升了职，他也终于感受到了公司对他的重视。

他成功以后来感谢我，我问了他一个

问题："如果你在海边丢一粒沙子让别人来捡，别人会不会捡起来？但是，如果你在沙滩上丢一枚珍珠，是不是会有很多人想要捡起来呢？"他会心地笑了，深深地向我鞠了一躬。

对于职场中人而言，时间是最宝贵的，因为时间是人们奋斗的前提条件，如果没有了时间，就谈不上什么追求成功与幸福了。但人的时间可以分为两类：一类是我们充分利用，把握住了的时间；另一类是我们浪费掉的时间。所谓"宝贵的时间"指的是被我们充分利用的时间。而其实，只要我们能够充分利用时间，即使这"宝贵的时间"并不多，我们也能收到意想不到的效果。

我们来看看每天坚持利用半小时来做某一件事的结果：

杜邦公司的总裁格劳·福特，每天用半小时来研究蜂鸟，结果他的作品被自然历史的权威人士称为"杰作"；美国议员休格·布莱克并没受过高等教育，但他每天用半小时到国会图书馆借阅图书，最后成了最高法院的大法官；希腊有一位电梯维修工，也是靠着每天用半小时攻读核物理理论，后来不仅发明了粒子加速器，还被聘入美国加州大学放射实验室……

水滴石穿，绳锯木断。只要我们找到自己认为有意义的事，每天都坚持着投入一定的时间去做这件事情，天长日久，你一定能够做到别人做不到的事情，成就别人无法企及的事业！

延伸阅读

编辑的话

亲爱的读者，感谢您选择了这本书。如果没有您，这凝聚了作者与编辑心血的作品，就太寂寞了。

《快乐工作》

职场人士的心灵鸡汤　馈赠员工的最佳礼物

快乐工作，是员工与公司双赢的法宝。

工作带给你的是快乐还是折磨？这完全可以由你自己决定。

工作也许很复杂，快乐其实很简单：调整心态，对工作充满激情；为成功勾画蓝图；高效做事；建立和谐的人际关系；具备较强的工作能力；化压力为动力；保持事业与生活的平衡……

“愚人向远方寻找快乐，智者则在身旁培养快乐。”通过本书，你可以轻轻松松享受工作，快乐生活每一天！

作者：宋晓明　定价：19.00 元　ISBN：978-7-301-13926-4

《负起你的责任》

职场新人类的贴心之作，员工职业化的必备手册

“我们来了！”80后一声呐喊，宣告了一代职场新人正在登上历史舞台，开始经历属于自己的风风雨雨。有一种力量，可以支撑你在职场风雨中巍然屹立，那就是——责任。

典型的职场案例，一针见血的分析指点，切实可行的应对方法，让新员工拨云见日，勇敢地负起自己的责任，乘风破浪，达到理想的彼岸。

作者：谭一平　定价：19.00 元　ISBN：978-7-301-13871-7

一本企业全员培训的精品教材

《好员工是这样炼成的》

什么样的员工才是好员工？好员工又是如何修炼出来的？作者凭借其深厚的理论功底以及多年的实战经验给出了答案。本书为员工提供了一套从平凡到卓越的修炼方案，不讲虚泛的概念，只讲合用的方法，没有讨厌的说教，只有亲和的说服，是一本企业合用，员工爱读的优秀培训图书。

作者：宋振杰　定价：28.00元　ISBN：978-7-301-13104-6

●博雅故事●

我们是博雅光华，作为北大出版的一个子品牌，我们专注于管理培训图书的出版，为中国企业提供性价比最高的培训产品。我们立足本土原创管理佳作，诚意打造培训类图书第一品牌。依据对中国企业培训需求的研究，结合培训界与学术界的研究成果，根据企业不同层级的培训对象和需求，我们架构出中国企业培训书架，满足高层参考、中层管理、基层培训要求，提供战略、营销、人力资源、财务、行政、销售、岗位技能等一系列图书。

办公室效率革命

作者：[日]小林忠嗣
定价：25.00元
ISBN：978-7-301-13216-6

第一步：新员工职业化六大关键

作者：宋振杰
定价：29.00元
ISBN：978-7-301-13467-2

黄金心态

作者：宋振杰
定价：22.00元
ISBN：978-7-301-11318-9

首先，要学会说话

作者：[德]恩克尔曼
定价：28.00元
ISBN：978-7-301-13468-9

不做情绪的奴隶

作者：吴娟瑜
定价：25.00元
ISBN：978-7-301-11662-3

擦亮你的职场招牌

作者：郭腾尹
定价：29.00元
ISBN：978-7-301-11541-1

像军人一样完成任务

作者：张元伟，薛灿宏
定价：20.00元
ISBN：978-7-301-13418-4

销售就是拼心态

作者：林有田
定价：32.00元
ISBN：978-7-301-13381-1

更多好书，尽在掌握

大宗购买、咨询各地图书销售点等事宜，请拨打销售服务热线：010-82894446
媒体合作、电子出版、咨询作者培训等事宜，请拨打市场服务热线：010-82893505
推荐稿件、投稿，请拨打策划服务热线：010-82893507，82894830
欲了解新书信息，第一时间参与图书评论，请登录网站：http://www.boyabooks.com.cn/